45 YEARS
IN WALL STREET

江恩华尔街45年

[美] 威廉·D.江恩◎著　　尼尉圻◎译

中国纺织出版社

国家一级出版社
全国百佳图书出版单位

内 容 提 要

　　《江恩华尔街45年》是投资大师威廉·D.江恩毕生投资经验和理念的总结。在本书中，他回顾了45年中股市的起落，并结合实战案例，细致讲解了他所总结的投资规则。这些源自于交易实践的宝贵经验，对每一位投资者都有十分重要的借鉴意义。

图书在版编目（CIP）数据

　　江恩华尔街45年 /（美）威廉·D.江恩著；尼尉圻译 .
—北京：中国纺织出版社，2018. 6　（2025.10重印）
　　ISBN 978-7-5180-4392-7

　　Ⅰ . ①江…　Ⅱ . ①威…　②尼…　Ⅲ . ①股票投资—基本知识　Ⅳ . ① F830.91

　　中国版本图书馆 CIP 数据核字（2017）第 295588 号

策划编辑：顾文卓　　　　　　　　责任印制：储志伟

中国纺织出版社出版发行
地址：北京市朝阳区百子湾东里A407号楼　邮政编码：100124
销售电话：010—67004422　传真：010—87155801
http: // www.c-textilep.com
E-mail: faxing@c-textilep.com
中国纺织出版社天猫旗舰店
官方微博http: // weibo.com / 2119887771
河北延风印务有限公司印刷　各地新华书店经销
2018年6月第1版　2025 年 10月第 4 次印刷
开本：710×1000　1 / 16　印张：12
字数：145千字　定价：39.80元

凡购本书，如有缺页、倒页、脱页，由本社图书营销中心调换

献给塞迪·H.江恩

一位优秀的妻子、极好的母亲

以表怀念

前 言
Foreword

早在 1910 年，在朋友的邀请下，我写了一本名为《投资：有利可图的职业》（*Speculation a Profitable Profession*）的小册子，书中我总结了几条曾帮助我在股市中获利的成功法则。

1923 年，我写了《股票行情的真谛》（*Truth of the Stock Tape*），希望可以助投机者和交易者一臂之力。这本书得到了读者们的广泛赞誉，许多人甚至将其称为我的代表作。从大量的读者感谢信来看，这本书起到了正面的作用。在我成功预测 1929 年股市大崩盘之后，读者们又纷纷要求我再出一本新书，以适应《股票行情的真谛》出版后时代的变迁。为此，我在 1930 年年初出版了《华尔街股票选择器》（*Wall Street Stock Selector*），与读者们一起分享了 1923 年以后我的新操作手法。在《华尔街股票选择器》一书中，我预测到，一次有史以来人类所能想象到的最大恐慌——"投资者恐慌"即将到来。结果，在一场延续到 1932 年 7 月才结束的大恐慌中得以应验。在这场"灾难"中，一些股票价格跌至过去四五十年以来的历史低位。

1932 年的大恐慌结束之后，股市出现了一轮大涨行情，而我所总结的炒股规则让很多投资者获利颇丰。

青睐有加的读者要求我再写一本新书，于是 1935 年末，我的又一本书《新股票趋势探测器》（*New Stock Trend Detector*）面世，书中既有我的经验总结，也有我新发现的一些实用规则，它将继续为读者们提供帮助。

江恩华尔街 45 年

1935 年以来，股市风云变幻，市场经历了我预测的 1937 年大恐慌。这轮下跌在 1938 年 3 月才告一段落。随后的一轮弱牛市一直持续到当年的 11 月 10 日。

1939 年 9 月 1 日，第二次世界大战爆发。1941 年 12 月，美国参战。身陷战争中的美国股市出现了进一步清偿，市场于 1942 年 4 月 28 日到达最低点，不仅打破了 1938 年时的最低水平，且处于 1932 年以来的最低点。

从 1942 年的最低点开始，一轮反弹如期而至，一直持续到 1945 年 8 月对日作战结束。

1946 年 5 月 29 日，股市达到了 1929 年以来的最高位。我根据自己制定的规则准确预测出了这轮上升行情的顶部，以及随后的急剧下跌行情。而事实上，这轮下跌直到 1946 年 10 月 30 日才止步。

我写作上一本书到现在已经过去 14 年了。通过实战，我的股票知识愈加丰富。世事无常，对经济大萧条和股市暴跌，投资者和交易员总是感到茫然无措。很多读者致信希望我再推新作。心怀帮助他人的愿望，我撰写了《江恩华尔街 45 年》(*45 Years in Wall Street*)，为读者呈现我的经验和新发现，希望此书能对在困境中艰难跋涉的读者们有所帮助。我现在已经 72 岁，功名于我来说没有什么意义，我的收入也早就数倍于我所需的支出，因此，我写这本新书只有一个目的，那就是送给读者一份最珍贵的礼物——**知识**！如果有人因此寻得安全投资之法，我的初衷就达到了，而读者的满意就是对我的褒奖。

威廉·D. 江恩
1949 年 7 月 2 日

目 录
Contents

第一章
现在比1932年以前更难获利吗

很多人都曾给我写信问过这个问题。我的答案是：不是这样的，只要你选择正确的股票进行交易，现在仍能赚取巨大的利润。然而，不可否认的是，交易环境的变化在某种程度上改变了市场的交易行为：政府通过各种法规对股票交易加强监管，并要求投资者缴纳更高的保证金，而所得税法的出台更有利于长线投资，因为这样可以免交过多的所得税。同时，由于短期的股价剧烈震荡，在股市里赚取一时差价的行为也已不再划算。那种待在经纪人的办公室里解读行情的时代已经成为过去。现在，只有花时间去绘制走势图并仔细研究，才有可能获利。

许多股票已经上市很长时间了，价格已经基本稳定，走势波动也相对较小，这就降低了在短时间内迅速获利的可能性。毕竟，高达每股 100 美元以上，并且宽幅震荡的股票已经为数不多。

1949 年 6 月 14 日，当股市到达最低点的时候，有大约 1100 只股票在进行交易，但其中仅有 112 只股票的价格超过 100 美元。这些股票大多是投资者持有的优先股，而且这些股票仅在一个较小的范围内波动。6 月 14 日当天，有 315 只股票价格低于每股 20 美元，202 只低于每股 10 美元，83 只低于每股 5 美元，总共有 600 只。也就是说，超过总数 50% 的股票价格低于每股 20 美元。既然有这么多低价交易的股票，那你就只能通过长线持有来赚钱。

近年来，许多高价股都已进行分红派息和股本拆分，以至于越来越多的股票变成了低价股。

以相同的资本获得更多的利润

和几年前相比，现在你可以用相同的资本赚更多的钱。例如，过去某只股票售价 100 美元一股，你想买 1 手就必须拿出 1 万美元，一次性全额付清。但如今，你可以仅凭 50% 的保证金就可以买入这只股票，如果它上涨了 10 个点[①]，你就盈利 1000 美元，即自有资本的 20%。现在，假设你要按 50% 的保证金买入 1000 股每股价格为 10 美元的股票，也只需要 5000 美元。如果这只股票上涨 5 个点，你就能获利 5000 美元，即原有资本的 100%。现在的股市里存在着大量价格低廉、前景良好的股票，所以，你总有机会像以前那样迅速获利。

成交量减少

近几年，纽约证券交易所的股票交易量明显减少，这是人们买入股票并长期持有导致的。自各种证券交易监管条例出台以来，联合资金操纵股票就已经成为过去。不过，这并不意味着今后不会出现大牛市行情。随着时间的推移，大量股票逐渐分散到那些长期持有的投资者手中，流通股被逐渐消化吸收，因此，当某个突发事件掀起购买浪潮的时候，买方就会发现股票的供给稀缺，而不得不将股票的价格推高。股价越高，买入的人就越多，这是股票交易中很常见的现象，它常常导致在牛市的末期出现最后的冲刺和股价的飙升。在华尔街，历史在不断重演。以往发生的事会在未来再次出现。

---

① 1 个点代表 1 美元。——译者注

1946 年 1 月，美国政府出台了一项规定，要求每个购买股票的人必须缴纳 100% 的保证金，也就是说，要求全额现款炒股。当时的股市正在高位运行，而且已经上涨了三年半的时间，政府颁布的这项规定阻止人们的购买热情了吗？答案是"没有"。次日，道琼斯指数不仅上涨了 20 多点，而且在到达 1946 年 5 月 29 日的最高点之前又持续上涨了 5 个多月。这说明，只要人们的购买欲望十足，政府并不能阻止股价的上扬。实际上，许多股民都认为，政府采取这样的措施是因为担心股价的上扬会失去控制，对此深信不疑的投资者不断地买入股票，而无论保证金的要求如何。经验告诉我，只要时间周期指明上升趋势，那么什么也阻挡不了市场的趋势；而只要时间周期指明下降趋势，那么什么也阻挡不了市场的下跌。正因如此，股票也确实可能因利空消息而上涨，因利多消息而下跌。

1949 年 3 月，政府将股票交易的保证金下调到 50%。许多人认为这是个特大利好消息，可以引发一轮大牛市，但结果却出乎意料。股票反弹两天至 3 月 30 日，然后转而下跌，到 6 月 14 日时，平均指数已下跌超过 18 个点。指数下跌是因为趋势已经向下，而且到达底部的时间周期并未结束。

股市中的交叉流向

近年来，市场已经变得比以前更加复杂。一些股票上涨，与此同时，另一些却在下跌。这是由于不同行业中的不同原因和条件所造成的。如果你能坚持绘制高低价月线图（Monthly High and Low Chart），并且运用我给你的规则仔细研究，就可以对这些交叉流向了如指掌，并把握个股的变化趋势。

你为什么会在股市中赔钱以及如何将损失弥补回来

为什么大多数股民会赔钱，主要是因为以下三点：

1. 从资本角度来说，交易过度或买卖过于频繁。

2. 没有下止损单（Stop Loss Orders），或限制他们的损失。

3. 缺乏知识，这是最重要的原因。

绝大多数人买入股票的目的，是希望股价上涨并从中获利。他们或根据小道消息，或听从他人的意见，而自己却没有任何关于股票上涨的具体知识。因此，他们是懵懵懂懂进入股市的，而且不能认识到自己犯了什么错误，或试图及时改正。最后，因为害怕股价再跌，从而卖出股票，但这个抛售时机常常是错误的，因为这时往往是股价的低位。这样一来，就犯了两个错误：在错误的时间入市和在错误的时间出市。后一个错误本可以避免，也就是说他们本可以在错误地入市后及时脱身。但他们没有意识到，操作股票或商品期货也像工程或医学那样，是一种行业或专业，需要具备专业的知识。

你为什么要学会研判市场趋势

你可能跟很多人一样，也是根据市场评论进行操作，也是一样赔钱或是打平，因为市场评论推荐了太多的股票供你买卖，而你恰好选择买入了错误的一只并因此赔钱。一个聪明人不可能盲目地跟随他人，即使他人给你的意见是正确的。因为当你自己也不知道这些建议的根据时，就不可能有信心来进行操作。只有自己可以看出并且透彻了解了股票上涨或下跌的原因时，才能满怀信心地操作并从中获利。

这就是你为什么应当研究我所有的交易规则，并亲手绘制个股走势图以及平均指数走势图的原因。如果你这样做了，就等于准备好以独立的方式投身股市，因为你会从经时间验证的规则中得知市场应有的趋势。

第二章
股票交易规则

　　要想在股票交易中获利，你必须先学习相关知识，你必须在亏损之前就开始学习。许多投资者在进入股市时对股市一无所知，当他们意识到交易前应该先预习功课时，就损失了大部分本钱。我将告诉你我身处股市45年来的经验总结，如果你可以灵活运用，这些规则必将使你取得成功。

　　首先要清楚的是，没人能保证在购买股票时不犯错误，所以你必须知道如何来纠正错误。解决办法就是设置止损单来限制你的风险，止损点可以比你买入的价位低1、2或3个点。这样一来，如果你判断失误，就可以自动平仓出局，并在有确定的征兆时处于重新入市的位置。不要凭猜测行事，要按明确的规则和指向操作，这会增加你的成功机会。

　　请读一读我在《股票行情的真谛》《华尔街股票选择器》和《新股票趋势探测器》中列举的所有规则和例子，并认真研究我在这本《江恩华尔街45年》中总结出的12条和24条规则。这些规则都是金玉良言，如果你仔细研究，必能从中受益。请记住，你不可能一劳永逸。因此，永远不要以为自己已经通晓一切，要时刻准备学习新的东西，否则你就不会取得任何进步。时间和环境都在变，你也要学会随之而变。同时，人的本性不会变，这就是历史一再重演，股市在某些条件下周而复始，以及在不同时间周期下运行极为相似的原因。

12条交易规则

规则1　研判趋势

研判道琼斯30种工业股平均指数、15种公用事业股平均指数或其他任何你要交易的股票板块的平均指数，然后在这些板块中挑选你要交易的股票，并观察它的趋向指标与平均价格指数是否一致。你应当使用平均指数的3日图以及本书后面说明的平均价格指数9点波动图，和其他所有规则来确定正确的买卖时机。

规则2　在单底、双底和三重底买入

在双底和三重底，或接近前一个底、顶或阻力位的单底买入。请牢记这条规则：当市场超越了前面的头并出现反抽现象，或略微跌破时，那些本来是卖点的头或顶就成了底、支撑线或买点。要在单顶、双顶或三顶处卖出。还要记住，当以前的顶被突破若干个点后，市场再次反弹达到或接近这个位置时，这里就形成了一个卖点。当你做完一笔交易后，应当选择一个适当和安全的位置设置止损单，并立刻将其交给你的经纪人。当你不知道该在哪设置止损单时，就不要进行交易。

还有一个现象不容忽视，即当平均价格指数或个股在第四次到达同一顶部价格水平时，这是个股或大盘即将上行的征兆，不适合成为卖点。而这条规则用在底部也一样成立，当股票第四次跌到同一底部水平时，多数时候它总会破位并继续下跌。

双头和双底的意义

平均价格指数的双头可以有 3～5 个点的区间范围。除个别极端情况，大多数双头在 1～2 个点的范围内变动。双底的形成也是一样的道理。如果几年前在相同的低位附近已经有过一个底，那么平均价格指数可能会跌破前一个底 4～5 个点，但这并不意味着指数会走低，而是可能会在这里形成一个双底或三重底。

通常个股会在 2～3 个点的范围内形成双头，有时也会在 1～2 个点的范围内波动。双底的形成也一样：在 2～3 个点的范围内做双底，有时第二个底会比前一个低 1～2 个点。对个股的止损单应设置在比双头或三重顶高 1～3 个点的范围内，这取决于股票的价格有多高。此外，止损单还应设在比双底或三底低 1～3 个点的位置上。

当平均价格指数或个股第三次到达同一位置时会出现三重顶或三重底。通常，这是最适宜的交易位置，因为市场离开三重顶或三重底的时间非常快。

规则3 按百分比买卖

在从任何高位下跌 50% 的位置处买入，或在从低位反弹 50% 的位置卖出。只要这些下跌或者反弹处于主要的趋势之中，正如利用平均指数的百分比那样，你可以利用个股的百分比来判断阻力位和买卖点。这样的百分比可以是 3%～5%、10%～12%、20%～25%、33%～37%、

45% ～ 50%、62% ～ 67%、72% ～ 78%，以及 85% ～ 87%。其中最重要的阻力位是 50% 和 100%，以及与 100% 成比例的部分。（见本书第四章）

规则4　按三周上涨或下跌买卖

在主要趋势向上的牛市中，可在为期 3 周的调整或下跌后买入，因为这是大牛市的平均调整周期。在熊市中，如果大盘趋势向下，那就可在大约为期 3 周的反弹后卖出。

当市场上涨或下跌 30 天甚至更长的时间后，下一个需要留心顶部和底部的时间周期大约是 6 ～ 7 周，这将是一个买卖点。当然为了保险起见，不要忘记根据这些阻力位设置止损单。如果市场反弹或下跌 45 ～ 49 天以上，那么下一个需要注意的时间周期大约是 60 ～ 65 天，这是熊市中出现反弹以及牛市中出现回调最常见的时间周期。

规则5　市场分段波动

股市按三至四段呈波浪运动。如果市场刚向上运行了第一段，绝不要以为它已经到达了最终的头部，因为如果这是一个真正的牛市，它会在到达头部前至少运行三个波段，甚至很可能要运行四个波段。

而在处于熊市或下跌的市场中，如果市场刚走完第一跌或第一段，绝不要以为它已到达最终的底部，因为在熊市结束以前，它会持续三个甚至是四个波段。

规则6   按5～7点波动买卖

在个股调整5～7个点时进行交易。当市场强势时，调整将是5～7个点，但最多不会超过9～10个点。通过研究道琼斯工业股平均指数，你会发现，一次反弹或调整往往少于10个点。同时，对于一般的买卖位置，要密切注意10～12个点的反弹或下跌。另外，从任何重要的头部或底部开始的18～21个点的上涨或下跌，也是一个需要密切关注的位置。通常情况下，平均指数的这种变化代表的是一轮行情的结束。

何时获利了结——这是当你买入或卖出股票后必须弄清楚的一件事。请遵循这里所说的规则，不要在明确的转势出现前平仓。

规则7   成交量

要结合时间周期研究纽约证券交易所的成交总量，并研究本书后面关于成交量一章中的规则，结合那一章关于成交量的各种规则来研究个股的成交量变化，因为成交量有助于判断趋势何时反转。

规则8   时间周期

在研判趋势的变化时，最重要的就是时间因素和时间周期，因为时间因素能使价格出现变化。在某些时候，成交量的放大会迫使价格走高或走低。

趋势变化的日期——股票市场指数和个股的趋势遵循一种季节性的周期变化，这种趋势会因年份的不同不断变换，只要了解这些重要的日期，密切关注它们，你就可以通过应用其他所有规则，快速研判趋势中出现的变化。这些重要的日期如下：

1月7日～10日，以及19日～24日。这些是每年开始时最重要的日期，那些持续数周、有时甚至是数月的趋势，往往就是在这些日期附近出现变化。关于这一点，你可以通过查阅以往的交易记录来加以验证。

2月3日～10日，以及20日～25日。这些日期的重要性仅次于1月份。

3月20日～27日。这个日期附近会出现小的转势，有时也会出现重要的大顶或深底。

4月7日～12日，以及20日～25日。尽管不如1月和2月的日期那么重要，但是对于转势来说，4月的后半部分往往是相当重要的时期。

5月3日～10日，以及21日～28日。在这个月里发生的趋势变化其重要性绝不逊色于1月和2月，以往许多重要的顶部和底部都出现在5月的这些日期附近，并进一步发生趋势的逆转。

6月10日～15日，以及21日～27日。一些小的转势会出现在这些日期附近，而且在某些年份里，会出现极限最高点和极限最低点，例如，1948年6月14日的极限最高点，1949年6月14日的极限最低点。

7月7日～10日，以及21日～27日。这个月的重要性仅次于1月，因为它位于一年的中间，正是上市公司进行分红的时间，而季节性的变化以及公司的盈利状况也会影响股票趋势的变化。

8月5日～8日，以及14日～20日。说起转势，从某种程度上来说，这个月的重要性可以等同于2月。只要你查阅以往的记录，就会发现很多重要的转势都出现在这些日期的附近。

9月3日～10日，以及21日～28日。这些日期是一年之中最为重要的时候，特别是对于顶部或牛市的最后上升阶段来说更是如此，因为相比其他月份，最高点出现在9月的频率更高。某些小的转势，无论是上涨还是下跌，也都发生在这些日期附近。

10 月 7 日～14 日，以及 21 日～30 日。这些时期相当重要，一些重要的转势会出现于此。如果市场的上涨或下跌已经持续了一段时间，对这些日期就更要多加注意。

11 月 5 日～10 日，以及 20 日～30 日。历史研究表明，这些日期对转势非常重要。在选举年，转势往往会发生在这个月初，而在其他年份里，股市常常在 20 日～30 日之间走低。

12 月 3 日～10 日，以及 15 日～24 日。在曾经长达数年的时间里，12 月的下半月以及进入 1 月的时期，出现转势的概率非常高。

参考 3 日图上出现极限最高点和极限最低点的确切日期，查看这些过去的日期，并在将来的月份中多加留心。

在寻找市场转势日期的时候，请注意市场是否已经离开最高价或最低价 7～12 天、18～21 天、28～31 天、42～49 天、57～65 大、85～92 天、112～120 天、150～157 天或 175～185 天这些时间周期，在这些时间段内开始时的顶部和底部越重要，转势也就越重要。

失去平衡的市场——平均指数或个股在上涨或下跌了相当长一段时间之后，就会失去平衡，而且这段时间持续得越长，调整或反弹的力度就越大。如果某次下跌比前一次下跌的时间要长，就意味着转势，至少是暂时改变的征兆。如果股价大大高于前一次下跌或调整时的点数，就意味着市场失去了平衡，转势也即将发生。

这条规则反过来也可以运用在熊市中。如果股票已经下跌了相当长的一段时间，而某个反弹的时间段首次长于前一个反弹时间段的时候，就表明趋势正在改变，至少是暂时性的改变。如果股价反弹首次超过前一次的幅度，就意味着空间运动或价格运动失去了平衡，而转势已经开始。时间的变化比价格的反转更加重要。而当这些反转出现时，你可以应用所有的规则来验证转势是不是必然发生。

当市场正在接近一轮长期上涨或下跌的终点，而且到达第三段或第四段的时候，相比前一段的市场上涨，新波段的价格涨幅会减小，运动的时间也会缩短，这是转势即将出现的征兆。在熊市或下跌的市场中，与前一段的市场下跌相比，如果股价下跌的点数减少，且波动时间缩短，这就意味着熊市的时间周期即将结束。

规则9　在高低点均上行时买入

在市场的高点和低点都持续上行时进行买入，因为这表明市场的主要趋势依然向上。在市场的高点和低点不断下移时卖出，因为这说明市场的主要趋势向下。时间周期永远是重要的。要注意以前的头部至头部，以及以前的底部至底部的时间跨度。同时，还要注意市场从最低点升至最高点，以及股价从最高点跌至最低点的运动时间。

高低价月线图——当市场波动变化较小且波动周期也很小时，尤其是对低价段来说，你所要做的就是坚持绘制高低价月线图；当股价开始活跃时，你可以开始绘制高低价周线图（Weekly High and Low Charts）；而对于在高位运行的股票，你应当绘制高低价日线图（Daily High and Low Charts）。但要记住，高低价日线图都远比不上作为一种趋势指标的3日波动图（3-Day Swing Charts）重要。

规则10　牛市中趋势的变化

趋势的反转往往出现在节假日前后。下面所列的日期非常重要：1月3日、5月30日、7月4日、9月初、劳动节后[①]、10月10日～14日、选举年的11月3日～8日，以及11月25日～30日、感恩节和12月

---

① 美国的劳动节为每年9月第一个星期一。——译者注

24 日～ 28 日 ①。在转势正式形成之前，最后的那段时期可能会延长至 1 月初。

当工业股平均指数或个股的价格突破 9 点波动图中的前一个最低点，或 3 日转向图中前一个最低点时，就说明趋势正在改变，至少是暂时性的变化。

熊市：在一个下跌的市场中，如果股价在 9 点波动图上超过前一个反弹的最高点，或在 3 日转向图上超过前一个反弹的最高点，这就是趋势变化的第一个信号。当股价在高位运行时，常常会经历几次上下震荡，所以，当市场突破上一次震荡的最低点时，就代表着趋势的变化或反转。

在低位，股价常常会减缓跌势，并在一个狭小的交易区间内持续运行一段时间，但若是它们随后穿过前一次反弹的最高点，这对判断趋势变化来说就十分重要了。

要时刻牢记仔细检查市场，看其是否正好离任何极限最高价或极限最低价相距 1、2、3、4 或 5 年。回顾过去，看看市场与任何极限最低价之间的时间跨度是否是 15、22、34、42、48 或 49 个月，因为这些月数是关注趋势变化的重要时间周期。

规则11　最安全的买卖点

在确定的转势形成之后再买入股票总是最安全的。当股票筑底后会有一波反弹，之后出现次级调整，并在一个更高的底部获得支撑。如果这时开始出现上涨，而且冲破第一次反弹的头部，那就是最安全的买点，因为市场已经给出了上升信号。此时可以将止损单设置在次级底的下方。

最安全的卖点——市场在经过长期的上涨，创出最后一个高价，并出现了第一次快速垂直下跌后，会反弹并形成第二个顶部，而这个顶部的高

---

① 感恩节为每年 11 月第四个星期四。——译者注

度会略低一些。随后市场又会从这个顶部开始下跌，并跌穿第一次下跌时的最低点，这是一个相对安全的卖点，因为它给出了主要趋势已经掉头向下的信号。

2 日回调和 2 日反弹：这是活跃的市场中最重要的时间周期。回调只持续两天，而且不会在第三天继续下跌，只要不出现任何转势的迹象，这种情况就会多次出现。如果个股或平均指数只回调两天，就说明多头气势很强。你会在 3 日转向图中找到这些 2 日运动。

在一个活跃且迅速下跌的市场之中，反弹往往陡直而迅速，且只持续两天。如果你研究 3 日图，就可以在 1929 年的股市大跌和 1930 ～ 1931 年大熊市中找到很多这样的反弹。

要记住：只要趋势向上，股价永远不会高得不能买；如果趋势向下，那么不管股价多低都可考虑抛出；但是请不要忽略这个事实，那就是永远、必须用止损单保护自己的投资，永远要顺势而行，而不能逆势而为。要在强势中买进，在弱势中卖出。

规则12　在快速波动中获利

当市场十分活跃，股票上涨和下跌都十分迅速时，平均每日升降可达 1 点。如果平均指数或个股每天波动 2 点或 2 点以上时，就说明它已偏离正常的轨道，不可能持续太长时间。在牛市里，这种波动会出现在短期和迅速的回调或下跌之中；在熊市里，当趋势向下时，这些迅速的反弹会在一个极短的时间段内调整价位。具体请参见"短期价格调整的时间周期"一章中的资料和例子。

我想要给你加深这样一个强烈的印象，如果你想在股票市场中获得成功，就必须投入大量的时间进行学习，因为你花费的时间越多，得到的知识也越多，今后获得的利润也就越多。通过对这些规则长达 45 年的探索与实践，已经向我证明你成功所需的必要条件是什么。我已经将这些有效规则告诉大家，剩下就看你的了。你必须学习这些规则，并在实践中灵活运用。

24 条常胜规则

投资者要想在股票市场上取得成功，就必须为自己制定一套明确的规则，并遵照执行。下面给出的规则是我根据自己的经验总结出来的，任何人只要遵守它们就会获得成功。

1. 资金的使用量：将你的资金平均分成十份，保证每次交易时使用的资金不超过其十分之一。

2. 使用止损单。为了保证投资安全，永远在离你成交价 3～5 点处设置止损单。

3. 永远不过度交易。这会破坏你的资金使用规则。

4. 永远不让盈利变为损失。如果你获得了 3 点或更多的利润，请立即提高止损单的设置点位，这样你就不会有资本的损失。

5. 不要逆势而为。当你无法根据走势图确定趋势时，就不要进行交易。

6. 看不准行情的时候就退出，也不要在看不准行情的情况下入市。

7. 只交易那些活跃的股票。避免介入那些运动缓慢、成交稀少的股票。

8. 平均分摊风险。如果可能的话，可以选择交易 4 只或 5 只股票，避免把全部资金投到一只股票上。

9. 不要限制委托条件，或事先固定买卖价格。要根据市场情况采用市价委托。

10. 若没有好的理由，就不要平仓。但要记住下止损单保护你的利润。

11. 累积盈余。当你进行了一系列成功的操作后，请把部分盈利划入盈余账户，以备在紧急情况下或市场出现恐慌时使用。

12. 永远不要为获得一次分红而买进股票。

13. 永远不平均计算个股方面的损失。这也是投资者容易犯的最糟糕的错误之一。

14. 永远不要因为失去耐心而出市，也不要因为急不可耐而入市。

15. 避免赢小利而亏大钱。

16. 不要在交易过程中撤销你已经设置的止损单。

17. 避免出入市过于频繁。

18. 愿卖的同时也要愿买。让你的目的与趋势保持一致并从中获利。

19. 永远不要因为股价低而买入，也不要因为股价高而卖出。

20. 避免在错误的时候使用金字塔式交易法补仓加码。等股票活跃并冲破阻力位后再加码买入，等股票跌破主力派发区域后再加码做空。

21. 挑选小盘股做多，挑选大盘股做空。

22. 永不对冲（Hedge）。如果你多做了一只股票，而它开始一路走低，切记不要卖出另一只股票来补仓。你要做的是认赔，离场，然后等待下一个机会。

23. 若没有充足的理由，就永不在市场中变换多空位置。在进行交易时必须有某种充足的理由，或依照某种明确的计划行事。因此，在市场未出现明确的转势迹象前不要离场。

24. 避免在长期的成功或赢利后就增加交易次数。

当你决定进行一笔交易时，必须确信没有违背这24条规则中的任何一条，因为这些规则对于你的成功至关重要。当你"割肉"时，请对照这些规则看看你违反了哪一条，以免今后再犯类似的错误。你会通过自己的亲身实践和调查学习感受到这些规则的价值，观察和学习可以让你掌握一种可以在华尔街获得成功的正确而实用的理论。

资本的安全

你首先要考虑的就是如何保护自己的资本，以及尽可能确保交易安全进行。其实有一条规则是既安全又稳妥的，只要你愿意一直遵守它，就可以永保资金安全，并在每年的年末取得位居前列的增长。这条规则就是：将你的资金平均分成十份，保证在每次交易中，不冒险投入超过你资本的十分之一或百分之十。如果你从 1000 美元进步，那么你在第一次交易时就不应超过 100 美元，而且要用下止损单的方法来限制损失。手上有 10 股股票，损失 3 个点即 30 美元，比有 100 股股票却损失 300 美元要好得多。只要手里还有资本可供操作，你总能发现新的获利机会。如果开始时就冒巨大的风险，你的资本就会处境危险，而你的判断能力也会被削弱。谨遵这条规则进行交易，即使偶有损失，也不会让你心神不安。

止损单

我觉得我没必要一再重复提及使用止损单的好处，因为它是保护投资者和交易者唯一的安全阀。投资者或者交易者会设置止损单，而且十次中有一次恰好将止损单的委托价格设置在了顶部或底部，此后，他一直对这件事念念不忘，并说，"我是设置了止损单没错，可谁知股价正好下跌到委托价，或正好上升到止损点，随后市场就朝另一个方向行进了。"所以，下次他就不再使用止损单了。而他的经纪人也常常在他耳边念叨，说止损单就是个倒霉蛋，总能碰到转折点。然而，这个交易者忘了，十有八九止损单都是正确的，可以让他在市场与自己的期望背道而驰时及时离场，避免更大的损失。所以，如果哪次止损单让你错误地离场，那么，为了补偿这个错误，下面的九次它一定会发挥作用，使你正确地脱身。因此不要忘记设置止损单。

转变观念

智者总会转变观念，而愚者却不会。智者在作决定前会先进行调查，而愚者仅仅是作决定。在华尔街，不转变观念的人很快就会头脑僵化。但是，一旦你决定进行一笔交易而且有充足的理由，就不要无缘无故地做出改变。我所指的最重要的事是，不要在市场与你的判断背道而驰时更改或取消止损单。设置止损单来保护自己是你开始一笔交易时要做的头等大事，这绝对是一个明智之举。反之，要改变这个决定，那就是愚蠢的举动。我知道你之所以撤销已经设置的止损单，并不是出于什么正确的判断而是因为希望。但在华尔街，光靠希望只会使你赔钱。一旦你设置了止损单，而且中途不予撤销，那么十有八九，事实会将它能产生的最佳结果呈现在你面前——坚持这条规则的人将取得成功。这里我要重申，如果你不能遵守某一种规则，就不要投机炒股，否则必将血本无归。而在你必须遵守且永不能偏离的规则中，尤为重要的一条，就是在你交易的同时要设置止损单且不能中途撤销。

过度交易

历史会一再重演，这是人性的弱点导致的。一夜暴富的贪欲已让无数投资者付出了惨痛的代价。过度交易是炒股者身上最大的弱点，相信每位有经验的炒股者对此都深有体会，可是很多人仍然选择了放任自流，最终倾家荡产。我们必须战胜这个弱点，而止损单正是对付过度交易的良方。

保护盈利

保护盈利与保护资本同等重要。一旦你在某笔交易中获利，就绝不能让它化为乌有，变成损失。这条规则要求炒股者做到的不是绝对遵从，而且应当根据利润的大小来确定在何处设置止损单。下面我要给出了在一般情况下可以采用的最安全的规则：一旦一只股票朝着对你有利的方向运动了 3 点，就按原先的价格位置设置止损点，即使这个价格是个转折点也不例外。对于交易活跃、价格高起的股票，你可以等到它有 4 ～ 5 点的利润时，再将止损点改设在市场一旦反转而你正好打平手的地方。这样一来，你就可以将风险降到最低，将获利的可能性增至最大。只要股票朝对你有利方向的运动，你就必须紧跟着调整止损点的设置，这可以保护并增加盈利。

何时买入

知道什么时候买入是非常重要的，而且你必须依据某种规则或信号来作为你设置买卖单的时间依据。如果你仅凭主观印象判断市场正在接近底部或顶部，那么你会发现，70% 的时候你都是错的。重要的不是市场今天会怎么走，或者你认为市场该怎么走，而恰恰是日后你期待获利时市场趋势的迹象是什么。

当一个股票到达低位或高位你想建仓的时候，就应当等到趋势已经向上或向下的信号出现。有时你会因等待而错过底部或顶部，但观望可以使你保全资金免遭损失，直至你有确定的理由相信自己不是在逆势而为。

你必须牢记，你的目的不是要获得多大的利润，或造成多大的损失。你必须抛开钱的问题。把全部的时间和精力投入到研判市场的趋势上来，顺应市场的趋势，让你的目标与市场保持一致。如果你能够保持与市场趋势一致，利润自会滚滚而来；而一旦判断失误，那么就启用古老而可靠的保护伞——一份止损单。

买卖太早或者太迟

投资者常常会过早地离场，因为他们已经持有股票很长一段时间，等待的就是股票交投活跃、价格上涨的时刻，所以会在股价第一次上升阶段就匆忙地全部卖出，这样做是错的。看看113页[①]阿奇逊公司（Atchison）、美国电报电话公司（AT&T）和纽约中央公司（New York Central）的波动图。

还有这样一类投资者，他们总是离场太迟，因为当大涨势来临时，他常捂着股票不放手，希望股价能够再创新高。可事实上，股价永远都不会到达他希望卖出的价格。于是，当股价开始第一次快速下跌时，他决定如果股票再次上升至前一个高点，就出货。结果，股票确实上涨了，但没有到达前一个高点，随后便掉头下滑，创出新低。此时，他再次在心里划定了一个他愿意卖出的价格，但这仅仅是一个"希望"的价位。此后，他眼睁睁地看着股票越跌越低，最终在股票已经从顶部跌了一大段后才清仓出货。永远等到看出趋势发生变化时再抛售股票，这并没有错，但是，一旦你确定趋势已在改变，就应做到毫不迟疑地清仓。对于这种类型的交易者来说，最好的规则就是使用止损单，即使委托价与期望的价位尚有10～20点的距离。

---

① 原著113页没有图。——译者注

延误带来危险

在华尔街，是行动而不是延误才能产生利润。希望毫无用处，它根本不能让你在博弈中获胜。凭希望去赌一把的人总会输到倾家荡产。你必须停止依赖这种毫无用处的希望，开始思考。而且，思考也只是前提条件，你更需要做的是在正确的时间切实行动起来，否则再多的深思熟虑也没用。知道该什么时候行动，但又不动手，这同样于事无补。延误总是危险的。在市场中，犹豫或延误行动的时间越长，做出的判断就越糟，也就越可能犯错误。停滞意味着死亡与毁灭，行动才代表着生命与活力。无论是否看对了行情，光想不动，都无法保本赚钱。记住，延误总是危险的，立即采取行动，比相信一个不确定的时间要好很多。切忌不要在你感到忧虑或沮丧的时候进行交易，因为身心不适容易使你的判断出错。保持身心健康也是使投资者成功的规则之一，因为健康就是财富。

何时加码

加码有两种方法。一种是在市场取得突破进入新的波动区间，创出新高（新低）的时候立即加码买进（卖出）。在一个快速变动的市场中，当市场波动对你有利时，你可以在每上涨或下跌 3、5 或 10 个点时继续买入或卖出，具体是多少点要看你所交易的股票类别或加码的方法来决定。我的方法是要判断调整的位置，以及股票已经从短期的顶部调整了多少点，或从短期的底部反弹了多少点。找出这些调整是否已经达到 3、5、7、10 或 12 个点，你就可以在从顶部开始的调整中进行第一、第二、第三或第四次加码买进或卖出，这要根据过去的调整幅度等待 3、5 或 10 个点。反之，在熊市中这条规则同样适用。如果你从 1924 ～ 1929 年在通用汽车（General Motors）这只股票上遵循这条规则，你就会发现你的加码比相隔许多点买进或卖出要安全一些。

我的时间规则是测定第一次重要调整的时间，它会在你加码时为你提供帮助。例如，通用汽车从 1924 年开始上涨时仅调整了 3 周，所以每次当它从任何顶部调整 2 ～ 3 周时买入比较保险，直至它形成最终的顶部且主要趋势发生反转为止。这种方法测定调整的时间并计算出来相关数据，可以让你的利润得到大幅提高，使你紧跟股票的主要趋势，有时甚至可以长达数年，而你常常可以从中获得 100 ～ 200 点的利润。就像其他规则那样，这条时间规则只适用于活跃的市场行情中，对成交活跃、价格高起的股票尤其有效。

无论你使用哪种方法加码，应当永远设置止损单来保护你的利润。你获得的利润越多，能承受的市场波动空间就越大，可以容忍的市场转熊或调整的空间也越大，也就是说，你可以让将止损单的价位设置得离目前的市场价远一些，这样市场的一次自然调整就不会对你的加码有所干扰。比如，假设你已经抓住了一只上涨的股票，而且与你最初的买价相比已有了100 点的利润。如果这只股票之前曾有过回调 20 点的时候，那么它就有可能在不影响主要趋势的情况下再次回调 20 点，所以，你可以将止损价设置在低于市价 20 个点，这样即使止损单成交，你的资本也不会遭受损失，而只是丢掉一部分账面利润罢了。但在加码的早期阶段，你的止损点设置可能就必须紧贴市价，以此来保护你的初始资本。

想盈利多少

大多数投资者都期待从投资买卖中获得暴利，他们从未停下来算过，如果在 10～20 年的时间中，每年获得 25% 的收益，意味着什么。如果从 1000 美元起步，每年获利 25%，10 年下来就是 9313.23 美元[①]。10000 美元，年增长速率为 25%，10 年就是 93132.26 美元[②]。由此你可以发现，如果一个人不贪图暴利又操作稳健，那么在不是太长的一段时期里积累一笔财富还是很容易的。许多来华尔街的交易者都梦想着在一周或一个月内让资本翻倍，这是做不到的。市场的确会存在一些天赐良机，让你可以在一天、一周或一个月内大赚一笔，就算你碰到了这样的机会，赚得盆钵满溢，也决不能因此想入非非，臆想每天都有如此大幅的利润。要记住，在大多数情况下，市场都在正常波动，因此，在大多数时候你都不可能获得超常的利润。许多炒股者在买卖一只股票时既不考虑他们获利的机会有多大，也不考虑损失的可能性有多大，如果你也是这样，下面这句话就应当成为你的炒股规则之一：当你认为不可能获得多于 3～5 个点的利润，就不要进行买卖，除非你的止损单仅有 1～2 个点。一般来说，为了获得可能的 3～5 个点的利润，而冒损失 3～5 个点的风险是不值得的，至少要等到盈利的概率大于损失时再进行交易。当你认为仅可获利 3～5 个点时就不要入市，因为你可能判断失误，遭受这样大的甚至更大的损失。最好是等到股票以某种方式穿越阻力位，而且进入了产生更大利润和更久涨势的区位。跑差价的人至多只能得到一点小小的甜头，而永远赚不了大钱。请记住，要想在股市获得成功，你的利润就必须永远大于损失，而你的炒股规则必须能减小损失，累积利润。

---

① 原文为"9313.25 美元"。——译者注
② 原文为"93132.70 美元"。——译者注

该追加保证金吗

你完成一笔交易，同时也会存入相应的保证金，但之后股票的运行方向开始变得对你不利，而且经纪人就此要求追加保证金，那么，大多数时候，你要做的是不是存入更多的保证金，而是按市价卖出，或回补你的空头仓位。如果你已经存入了更多的保证金，那么就在你头脑清晰、判断力好的时候，把它用在新的或是有更充足理由的交易上。当交易者第一次追加了保证金后，90% 的情况下，他都会死捂这只股票，然后就会接到第二个甚至第三个要他追加保证金的通知，而且只要还有钱他就会不断追加，直到这只股票上损失了他所有的资本。如果经纪人不得不通知你追加保证金，那么一定是有什么地方不对头，你最好的做法就是清仓离场。

联名账户

如果可以避免，就不要开联名账户，或与他人合伙炒股。当两个人拥有一个共同的账户时，他们可能在何时买入股票，或是何时卖空，甚至建仓的时机上都不会产生分歧，但麻烦接着就来了——在平仓时，他们很少能因获利而在出手的时间和价格上取得一致，结果就会在平仓时犯下错误：因为其中一个人不想退出，所以另一个人也只能选择捂住股票，最终市场发生了反转，原先的交易行情变得对他们不利了，此时，他们只能继续持仓，希望市场能出现转机，最终，在一个以共同赢得开始的交易上受挫。光是一个人炒股就已经不容易了，让两个人保持一致并在股市中共同操作只会使难度翻倍。两人合作炒股要想取得成功只有一个办法，那就是让一个人负责买进和卖空，而另一个人专门负责下止损单，其他什么都别管。这样一来，即使犯错，止损单也可以对他们两人都起到保护作用。此外，让一个人和他的妻子开设联名账户也不是什么好主意。出入市的行动应由一个人来拍板，这个人必须学习在股市中如何行动，尤其是如何迅速地行动，而且在买卖过程中不受合伙人的影响。

交易者不愿意知道什么

普通投资者不愿听到让他们感到痛苦的事实，他们需要那些能迎合他们希望的东西。当他们买入一只股票后，就相信所有的消息、传闻、评论和谎言都在支撑股票上涨，但如果给他看对这只股票不利的报告，或是有人告诉他关于这只股票的不利消息，他就会充耳不闻，视而不见。但是只有事实才能帮助他，他也必须相信事实，而不是那些可以为他构筑希望，并在最后带来损失的东西。一个投资者在犯了一次错误后往往都会说："下次我不会再犯同样的错误了。"但他最终总是重蹈覆辙，这就是为什么我们经常在华尔街看到菜鸟们跟着老股民学习，结果却一再犯老股民们曾经犯过的错误的原因。在华尔街，人们很少谈论自己在股市赔钱的实情。无论是大户还是散户，总喜欢将自己挣钱的经历挂在嘴边，夸大他们的成功交易，而对如何损失赔钱则闭口不谈。因此，当无知的菜鸟初入华尔街时，总被迷惑得以为这里只可能产生利润，而不是故事的另一面，即在华尔街曾经蒙受多少损失，而这才能真正帮助他们，防止他们犯下同样的错误。新股民应该知道，在华尔街，90% 以上的炒股失败都是因没有设置止损单和过度交易引起的。因此，要想在股市中赚钱，就必须采用一种战胜已经导致他人破产的弱点的方法。

人性的弱点

很多投资者在赚钱时，都会感到喜不自胜，认为自己的判断是正确，而且全凭自己的本事。而当他们赔钱的时候，态度可就完全不一样了：他会找借口，安慰自己说其实本可以赚钱的，赔钱是因为发生了意外，再或是因为轻信了别人的建议，他们不停地怨这个，怨那个，找出各种"如果""而且""但是"来为自己开脱，但就是不会从自己身上找原因，总之，就不是自己的错，这是为什么他会再次犯错误并招致损失的原因。

投资者必须设法自救，并从自己而不是他人的身上寻找损失的原因，因为他如果不这样做，就永远不会克服自己的弱点，毕竟，是你自己的行为造成的损失，因为是你在进行的交易。你必须寻找内在的原因，并进行改正。这样你才会取得成功，别无他路。

造成投资者赔钱的一个主要原因就是他们从不自己思考，而是让别人替他们思考，或者听从于别人的建议，而这些人的建议或判断并不比他们自己的高明多少。要想取得成功，就必须亲自进行调查和研究。除非你从一只菜鸟变成了一名独立思考者，并不断丰富自己的知识，否则你会犯其他菜鸟犯过的错误——在不断催缴保证金的声音中割肉出局。只有在你懂得独立、懂得帮助自己的时候，别人才能帮助你，或是告诉你如何帮助自己。

我可以教给你这世上最好的炒股规则以及研判股票位置的最佳方法，但你还是会因为人的因素，也就是你最大的弱点，而输掉账户上的钱。你没能遵守规则，只是凭希望和恐惧而不是事实交易股票；你犹豫不决，你失去耐心，你仓促行动，你延误时机。是你自身的人性弱点导致了失败，但你却将责任推给市场。永远记住，赔钱是你自己的过错，而不是市场的行为，或市场操纵者的行为导致你的损失。因此，只有努力遵守规则，才能避免那些注定要失败的投机行为。

第三章
如何挑选有独立行情个股

当一些股票创新低时，另一些却在创出新高，它们开始走出独立于平均指数和板块指数的行情。如果你想可以在这些独立行情开始时就将其辨认出来，可以去研究过去几年来走势图的波动情况。

例如，城市服务公司（Cities Service）。它在 1938 年时的最高价是 11 美元，1939 年时，最低价是 4 美元，1942 年时的最低价是 2 美元，最高价是 3.5 美元。这只股票曾在 11 ～ 2 美元之间运行了四年，而且在 1942 年，它形成了仅为 1.5 美元的价格区间，这表明这只股票的抛压已很小，只有内部人士才愿意买进。这时，你可以抓住机会建仓，因为即使这只股票被摘牌，你每股也只会损失 2 ～ 3 美元。但是你要知道在什么时候买进，什么时候它是安全的，以及什么时候它表现出了一种确定的上升趋势。1943 年，这只股票突破了 11 美元，即 1938 年的最高价，这个在五年后的突破预示着会出现更高的价格，此时，你应该立即买入，它的高低点都在持续走高，说明主要趋势必然向上。

1948 年 6 月，这只股票的最高价是 64.5 美元，从它表现出上升趋势后已上涨了 53 个点。当你在 11 美元买入后，一份 3 个点的止损单就能让你高枕无忧，而且你可以在不加码的情况下，有四五次机会能让资金翻番。

1949 年，这只股票的最高价达到 48 美元。1949 年的最低价为 38 美元，仍处于 1948 年的价位之上。因为公司盈利情况良好，所以，只要这只股票可以站在 38 美元之上，就仍然能持续攀升。

买入一只股票而做空另一只

我曾经在"股市中的交叉流向"（第一章）的内容中讲过，一些股票上涨，并创出新高，而与此同时另一些却在下跌，并创出新低。很多时候，你可以在高位卖出一只股票，并在低位买进另一只，而最终这些股票的价格会逐渐走到一起，这样你就可以两头赚钱。

美国无线电和百事可乐

1947 年 8 月，百事可乐（Pepsi Cola）的股价为每股 34.5 美元，它曾经达到过 40 美元，然后高点不断下移，根据所有的规则判定，它的趋势已经向下。假设你以 32 美元的价格卖空了 100 股百事可乐，而此时，美国无线电（Radio）达到了 8 美元一股，表明了它在低价区获得良好支撑。你以 8 美元的价格买进 100 股美国无线电，并在 7 美元处设置止损单，而在对百事可乐的卖空中，你可以在 35 美元处设置止损单，如果两个止损单都成交了，那么加上佣金，你所有损失也就是 400 美元。而实际上它们没有成交，百事可乐继续下跌，而美国无线电继续上涨。

1947 年，美国无线电的最低价是 7.5 美元，运用我提出的 100% 上涨规则，我们预测美国无线电将在 15 美元处达到一个顶部。1948 年 6 月，美国无线电上涨到 15 美元，但由于抛压沉重，未能突破这个阻力位，但是你有充足的时间在 15 美元附近获利出局。

1948 年，百事可乐的股价跌到了 20 美元以下，也就是从前一个最高价 40.5 美元下跌了 50%。既然百事可乐已经跌破了这个重要的支撑位，你就可以继续做空，并将止损单的委托价下调至 21 美元。1948 年 12 月，百事可乐的最低价跌至 7.5 美元，跌到了它在 1939 年获得支撑的低价区，是时候在 8 美元回补百事可乐空头仓位了，这样做可以使你在百事可乐上获利 24 个点，并在无线电上获利大约 7 个点。实际上，百事可乐没有跌到 7 美元，而是反弹至 12 美元。而如果之前你在 8 美元的低价位买入百事可乐，并在 7 美元处下止损单，这个止损单也不会成交。

买入美国无线电的最佳时机

我们来看看近几年来股市走势图上的最高点和最低点。1945 年，美国无线电的最高价是 19.625 美元；1947 年，其最低价是 7.5 美元，1948 年，其最高价是 15 美元。7.5 美元和 15 美元间 50% 的点位，即一半是 11.25 美元。上一个极限最高价是 19.625 美元，从这个高点下跌 50% 是每股 9.81 美元，即每股接近 10 美元。1949 年 6 月 14 日，美国无线电跌至 9.75 美元，而到了 6 月 29 日仍处于 9.625 美元的低价，这就给了你一个机会买进本想在每股 10 美元建仓的股票，你可以将止损单设在 8.5 美元。而你接下来要关注它什么时候会表现出强劲的上升趋势。当它穿过 11.25 美元的价位，并收在这个价格之上时，它就可以继续走高。下一个目标位是 1949 年的最高点 15 美元，和 1945 年的最高点 19.625 美元。如果美国无线电突破 20 美元，那么它就处于极强势，这意味着它会创出非常高的价格。我相信美国无线电的未来，它前途无量，今后很可能成为真正的领涨股。

第四章
高价与低价间的百分比

我最大的发现之一就是如何计算平均指数和个股的顶部价位和底部价位之间的百分比。极限最高价位和最低价位的百分比可以预测出未来的阻力位。

每个底部价格和某个未来的高价之间都存在着一种关系，而且最低价的百分比可以预测在什么价位会出现下一个最高价。在这个价位，你可以冒很小的风险卖出股票的多头仓位并做空。

极限最高价或是任何小头部都与未来的底部或最低价位有关，顶部区域价格的百分比可以告诉我们将来最低价会出现在哪里，并给出一些你可以冒很小的风险买入股票的阻力位。

最重要的阻力位是任何顶部价位或底部价位的50%。次之重要的阻力位是平均指数或个股最低价的100%。此外，200%、300%、400%、500%、600%或更高的百分比也应纳入考虑之中，具体选用哪个百分比取决于从最高价或最低价开始的价格和时间周期。第三个重要的阻力位是最高价和最低价的25%。第四个重要的阻力值是极限最低价和极限最高价的12.5%。第五个重要的阻力位是极限最高价的6.25%，且仅限于平均指数或个股在非常高的价位交易时使用。第六个重要的阻力价位是 $33\frac{1}{3}$ % 和 $66\frac{2}{3}$ %，从这些百分比计算出的阻力位要在25%和50%之后考虑。

为了判断出那些重要的阻力位在什么地方，你就应该准备好一张平均指数或你正在交易的个股的百分比表。

1896年8月8日，12种工业股平均价格指数的最低点是28.50点，这是一个极限最低价，因此基于这个价格的百分比十分重要。

1896年8月8日 最低点28.50点	
上涨	点数
50%	42.75
100%	57.00
200%	85.50
300%	114.00
400%	142.50
450%	156.75
500%	171.00
550%	185.50
575%	192.75
600%	199.50
700%	228.00
800%	256.50
900%	285.00
1000%	313.50
1100%	342.00
1200%	370.50
1250%	384.75

1921年8月24日 最低点64.00点	
上涨	点数
25%	80.00
50%	96.00
62.5%	104.00
75%	112.00
100%	128.00
125%	144.00
137.5%	152.00
150%	160.00
162.5%	168.00
175%	176.00
187.5%	184.00
200%	192.00
212.5%	200.00
225%	208.00
237.5%	216.00
250%	224.00
275%	240.00
300%	256.00
400%	320.00
500%	384.00

1932 年 7 月 8 日，30 种工业股票平均价格指数的最低点是 40.56 点，基于这个价格的百分比见下表：

1932年7月8日 最低点40.56点	
上涨	点数
25%	50.70
50%	60.84
75%	70.98
100%	81.12
150%	101.40
175%	111.54
200%	121.68
225%	131.82
250%	141.96
275%	152.10
300%	162.24
325%	172.38
350%	182.56
375%	192.66
400%	202.80
425%	212.94

1942年4月28日 最低点92.69点	
上涨	点数
12.5%	104.27
25%	115.86
37.5%	127.44
50%	139.00
62.5%	150.58
75%	162.16
100%	185.38
112.5%	196.96
125%	208.45

最高价的百分比	
1919年11月3日 最高点119.62点	
上涨	点数
100%	239.24
200%	358.86
325%	388.50
1929年9月3日 最高点386.10点	
下跌	点数
50%	193.05点
75%	96.52
87.5%	48.32
1930年4月16日 最高点296.35	
下跌	点数
50%	148.17
75%	74.08
87.5%	37.04

1933年7月18日 最低点84.45点 上涨100%为168.90点	1933年7月18日 最高点110.53点 下跌25%为82.90点
1933年10月21日 最低点82.20点 上涨100%为164.40点	1937年3月8日 最高点195.50点 下跌50%为97.75点
1934年7月26日 最低点84.58点 上涨100%为169.16点	1943年7月15日 最高点146.50点 下跌50%为73.25点 上涨25%为183.27 上涨50%为219.75
1938年3月31日 最低点97.50点 上涨100%为195.00点	1946年5月29日 上一个极限最高点213.36点 下跌25%为160.02点

我们还可以计算出始于这些阻力位的其他百分比。

在50%以下价位卖出的股票

如果一只股票跌破了最高价和最低价间的 50%，或极限最高价和极限最低价一半的位置，就必须引起我们的注意。如果在这个位置上它没能获得支撑并站稳，就代表着它的走势很弱，甚至会跌到高顶和深底的 75% 或更低的位置。

最高价的 50% 是个更重要的位置，如果一只股票跌破这个位置，就意味着它的走势很弱。因为，如果它要获得支撑并上涨，那么它就会在从最高点下跌 50% 的时候企稳。所以，除非你看到了止跌的迹象，否则不要买跌破这个位置的股票。

经过市场证实的交易规则

在计算完极限最高价和极限最低价的各种百分比后，我们有必要来计算一下极限最高价和极限最低价间的 50%，即中点的价格点位。

例如：

1896 年的最低点 28.50 点，1919 年的最高点 119.62 点，中点点位是 74.06 点。1896 年的最低点 28.50 点，1929 年的极限最高点 380.10 点，中点点位是 207.28 点。1921 年的最低点 64 点，同年最高点 386 点，中点点位是 225.00 点。1930 年的最高点 296.25 点，最低点 64 点，中点点位是 180.12 点。最低点 28.50 点至最高点 296.25 点，中点是 162.37 点。1937 年的最高点 195.50 点，最低点 28.50 点，中点点位是 112 点。1937 年的最高点 195.50 点，1938 年的最低点 97.50 点，中点点位是 146.50 点。1932 年的最低点 40.56 点，1946 年的最高点 213.36 点，中点点位是 126.96 点。1942 年的最低点 92.69 点，1946 年的最高点 213.36 点，中点点位是 153.02 点。

在完成这些阻力位的数据计算后，我们可以验证它们在估算顶部和底部时所起的作用。截至 1919 年，道琼斯 30 种工业股平均指数的极限最高点为 119.62 点。1921 年后，指数从底部的 64 点开始上涨，我们可以发现从 64 点上涨 87.5% 是 120.00 点，这说明过去的顶部以及这个阻力位十分重要。当指数穿越这个极限位置，我们就要在 64 点的百分比表中查找，看看还有哪些阻力位可能成为顶部。我们发现指数上涨 500% 是 384.00 点。1929 年 9 月 3 日，平均指数在 386.10 点达到一个大顶，查看一下最低点 28.50 点的百分比表，我们会发现指数上涨 1250% 时是 384.75 点。接下来根据过去的最高点 119.62 点计算重要的百分比时，我们发现从 119.62 点上涨 225% 是 388.50 点，这意味着指数在 384.00 点、384.75 点和 388.50 点有三个阻力位。平均指数曾达到 386.10 点的极限最高价，但最高收盘价是 381.10 点，3 日图和 9 点波动图都说明市场在这些重要的阻力位形成了头部。

在指数到达极限最高点之后，下面要做的就是计算重要的支撑位和买点会出现在哪儿。运用规则 3 可知最高价的 50% 这个位置非常重要，386.10 点的 50% 为 193.00 点，也就是说这是一个支撑位和买点。指数从 1929 年 9 月的最高点开始了有史以来速度最快的下跌，至 11 月 13 日到达最低点 195.35 点，正好在前面计算出的支撑位上方的 2.5 点处获得支撑，并在此形成买点。由于市场没有正好跌到 50% 的位置，所以它仍处于强势。接着，我们再次运用同样的规则在最低点 195.35 点上加上 50%，就得到 293.02 点，这可能是个反弹的目标位和卖点。

1930 年 4 月 16 日，最高点为 297.25 点，仅比 293.02 点这个重要的阻力位高出 4 点多一点，市场没有穿越 5 点以上，根据规则 2 说明市场必须在阻力位之上 5 点，或在以往一个底部或阻力位之下 5 点，才能算得上是有明确的转势迹象。

根据 3 日图和 9 点波动图，在这个头部形成，而且趋势转而向下之后，我们接下来就要计算出最低点 195.35 点和最高点 297.25 点间的 50% 即中点的位置，得出结果是 246.30 点。如果市场跌破这个位置，就可能跌得更低。你会注意到上一次反弹在 1930 年 9 月 10 日创出最高点 247.21 点，刚好在这个 50% 即中点的位置之上。之后，11 月 13 日的最低点 195.35 点也失守了，而且指数还跌穿了 193 点，也就是 386.10 点的一半，这说明市场处于弱势，还会继续走低。此后，市场持续下跌，偶尔有几次正常的反弹，指数最终在 1932 年 7 月 8 日到达 40.56 点这一极限最低点。如果我们将 386.10 点减去其 87.5%，那就是 48.26 点。然后看一下从极限最低点 28.50 点开始上涨的百分比表，就会发现上涨 50% 时的 42.75 点是一个阻力位。如果我们将 1921 年的最低点 64.00 点减去其 37.5%，就会得到 40.00 点这样一个支撑位。回顾 1897 年 4 月 8 日的最高点 40.37 点，在 3 日图上指数在 1897 年 6 月 4 日突破该点，这使大势反转向上，平均指数直到在 1932 年 7 月 8 日的 40.56 点筑底以前，从未跌到过这个位置。

从 40.56 的极限最低点开始，我们要计算出第一阻力位在什么位置上：我们在 40.56 上加上其 100%，就得到了 81.12 点。

1932 年 9 月 8 日，平均价格指数反弹至 81.50 点，正好在 50% 这个重要的位置处做头。

1933 年 2 月 27 日，最低点 49.68 点，这是次级下跌的最低点。你可以在百分比表中看到，从 40.56 点上涨 25% 是 50.70 点，这是一个十分重要的支撑位，平均价格指数正好在这个位置下方 1 点处筑底，随后，市场重新恢复上扬。

1933 年 7 月 18 日，最高点 110.53 点。为什么平均指数会在这个位置做头呢？因为从 40.56 点上涨 175% 是 111.54 点，这是个很重要的阻力位，而从最低点 64.00 点上涨 75% 是 112.00 点，在这个位置上卖压沉重，这足以证明它是个重要的阻力位和卖点。而且时间周期也表明市场将见顶回调，因为此时距 1932 年 7 月的最低点已经隔了一年。

我们可以将同样的规则应用于 110.53 点的最高点上，将这个顶点数值减去 25%，就得到了 82.90 点这个支撑位和买点。见顶后的三天是历史上市场下跌最迅速的时期之一，平均指数在 7 月 21 日创下最低点 84.45 点，正好在这个重要的支撑位之上。接着，一波反弹随即出现，如果你在这个时候买入股票，就可以在平均价格指数反弹至 107.00 点的时候出货了。

1933年10月21日，极限最低点是82.20点，比支撑位82.90点低将近1点，截至1949年6月30日我撰写本书至此，这是平均价格指数最后一次出现在这样低的位置上。将82.20点加上100%，就得到了164.40点这个重要的阻力位。

1934年7月26日，最低点84.58点。市场第三次运行到这个低位附近，这意味着一轮大牛市即将到来，因为指数收在了从最低点40.56点上涨100%的位置上方。大牛市如期而至，指数持续上扬，直到突破1933年7月的最高点110.53点。当市场突破这个位置后，接下来我们要做的就是算出平均价格指数下一步将运行到什么位置。我们知道，386.10点的50%是193.05点，1929年11月的底是195.35点，1931年2月24日平均价格指数在196.96点处见顶，因此，合理的阻力位和卖点可能出现在193点～195点。

1937年3月8日，最高点195.50点，正好处在以往的顶和底的50%的位置，通过3日图和9点波动图也可以判定这是最后的高点。我们希望能计算出下一轮下跌的合理位置。运用相同的规则，将195.50点减去其50%得到97.75点，就得到了一个支撑位和买点。

1938年3月31日，平均价格指数创下97.50点的最低点。随后，另一轮牛市开始了。

1938年11月10日，最高点158.75点，相对之前一个最低点上涨了62.5%。从这个位置开始，大势掉头向下，平均价格指数跌破了50%这个关键位置，而且持续下跌，在主要的波动中，指数的高低点不断下移，最终又回到了110点以下，并跌破了97.50点。

1942年4月28日，最低点到达92.69点，比1938年的最低点还低3点，但这里却是个好的买点，因为这里是三重底，我们可以通过3日图和9点波动图确定这一点。这是一轮大牛市即将上演前购买股票的绝好时机。我们可以从这个最低位置计算出92.69点的各个百分比：上涨50%为139.00点，上涨12.5%为104.27点，即第一个重要的阻力位。

1942 年 8 月 7 日，前一个极限最低点是 104.58 点，指数正好处在 104.27 点这个重要的支撑位之上，从 213.33 点到 104.27 点间的 50% 是 158.80 点。

下面我们要计算出平均价格指数反弹的重要阻力位。92.69 点到 195.50 点间的 50% 是 144.09 点，1937 年的最高点 195.50 点到 1938 年的最低点 97.50 点间的 50% 为 146.50 点。

1943 年 7 月 15 日，最高点 146.50 正好处在这些让指数见顶回落的重要阻力位上，结束于 7 月的时间周期也说明市场见顶，随后的一轮调整同 1933 年 7 月时的情形一模一样。虽然平均价格指数回落了，但还不至于跌到足以显露出大势转身向下的地步。请注意，从 92.69 点上涨 37.5% 是 127.44 点，这个位置从未跌破过。1943 年 11 月 30 日，平均价格指数到达最后一个底 128.94 点，随后，当指数开始上涨并向上穿越 146.50 点，也就是前一个顶部和重要的阻力位时，它预示着下一个阻力位就是 1938 年 11 月 10 日创下顶部的 158.75 点。如果平均价格指数突破了这个阻力位，那就等于说它下一个重要点位就是上涨 50% 时的 193.00 ～ 195.00 点。

1945 年 8 月，当第二次世界大战结束时，平均指数已经在 7 月 27 日创下最低点 159.95 点；当指数穿越了以往的顶部，就说明它即将大涨。果然，市场持续上扬，平均价格指数最终突破了 195.50 点，且后市向好。第一个重要的百分比阻力位为 207.50 点，即 28.50 点到 386.10 点间的 50%。1946 年 2 月 4 日，平均价格指数在 207.50 点做头，并在 2 月 26 日迅速回调至 184.04 点，随后又突破了 208.00 点。下一个最重要的阻力位是极限最高点 386.10 点到极限最低点 40.56 点间的 50%，即 213.33 点，而平均价格指数在 1946 年 5 月 29 日见顶 213.36 点，正好是这个重要的 50% 位置。还要注意，从 40.56 点上涨 425% 是 212.94 点，说明这里是个双重重要的阻力位。

从最高点 213.36 点减去 25%，我们就得到了第一个阻力位和买点，即 160.03 点。

1946 年 10 月 30 日的极限最低点为 160.49 点；1947 年 5 月 19 日的最低点为 161.32 点；1949 年 6 月 14 日的最低点为 160.62 点，市场三次在这个重要的支撑位筑底，而且指数均站在了 1945 年 7 月 27 日的最低点 159.95 点的上方。

从这三个强支撑位，平均价格指数在 1948 年 2 月 11 日构筑了一个更高的底部，并上涨到 1948 年 6 月 14 日的 194.94 点。这再一次回到了过去 50% 的卖点，因为过去这个位置作为顶部与底部已出现了多次，这个卖点位可以从 3 日图和 9 点波动图中得到确认。

道琼斯30种工业股平均指数的当前位置

平均指数第三次在 213.46 点下跌 25% 的位置获得支撑，而且曾在 1945 年 7 月 27 日见底 159.95 点。如果平均指数跌破这些水平并收在其下，那么就可能跌至 152.00 点，即 40.56 点上涨 275% 的水平，而下一个支撑位会是 146.50 点，这是以前的顶部以及重要的 50% 的中点位置。

1942 年，最低点为 92.69 点，1946 年，最高点为 213.36 点，其 50% 即中点的位置是 153.02 点。

截至 1949 年 7 月 19 日本书写到这里时，平均指数已经穿越了 175 点，直指 177.5 点。这将是一个阻力位，因为它是 160.49 点至 194.49 点的 50%，所以，从大约 177.5 点起，平均指数可能会有一轮幅度不大的回调。而一旦平均指数穿越 182.5 点，即 1949 年 1 月 7 日的最高点，市场还将迎来大幅上涨。

当平均指数到达重要的阻力位，或上涨至以前的顶部，或下跌至以前的底部时，你应当研究你买卖的个股的位置，并将我给出的所有规则应用在这些个股上。

让市场数据自己说话

当你研究股票市场时，不要有什么成见，也不能凭希望或恐惧进行交易。你要研究三种重要的因素：时间、价格与成交量，同时不要忘记研究我所说的那些规则并付诸实践。当规则表明市场正在发生转势时，你要记得随机应变，要让市场的活动数据自己说话，并按规则得出的确定结论进行交易，这样你就可以获利。

第五章
短期价格调整的时间周期

当指数出现暴涨或暴跌的时候，你常常会听到人们说市场该调整了。这种情况如果是在上升的行情中出现，就说明市场已经超买，空头仓位已经回补，而且市场的技术面已处于弱势，因此，必须要进行新一轮的价格调整。这种调整可能是历时很短的迅速而剧烈的调整，而股价的急速下跌会使股民感到恐慌，从而失去信心，认为市场会跌得更低，而此时短时间内的小幅调整已经使技术面由弱转强。

当市场已经下跌了一段时间后，也会发生同样的情况，因为市场中的空头仓位积聚过多，所以多头已在这个技术上处于弱势的市场中完全消失，结果在很短的时间内，由于空头回补，市场急速反弹，这让一些买方产生了盲目的自信，结果正好买在反弹的顶部。他们判断涨势还将继续，可此时市场的技术面已遭削弱，而且这场急速反弹已经变得对空方有利，最终大势继续向下。

若想不在市场的趋势判断上犯错，你就必须时刻牢记要按所有的规则行事。要记住，当你的确犯了错误，或是发觉自己错了时，那么解决的办法就是立即离场。当然，最好还是在进行交易时设置止损单来保护你的资金。要记住在市场的上升过程中曾出现过的最长的下跌时间周期，或最长的调整周期；而当市场下跌时，则要牢记熊市中出现过的最长的反弹时间周期。这些时间周期可以帮助你研判市场的趋势，这就是为什么我要回顾这些市场变化，并指出那些导致陡直而迅速的反弹和下跌，以及使市场运动趋势终止的时间周期的原因。所有我在前面概括过的主要趋势还在继续，这里指的所有价格都是道琼斯 30 种工业股票平均指数。

1914 年 7 月 30 日，由于第一次世界大战爆发，加上抛压沉重，纽约证券交易所曾经停盘闭市，直到 1914 年 12 月 12 日才恢复交易，而当时巨大的套现盘一度使指数跌到了多年的最低位。

1914 年 12 月 24 日，最低点为 53.17 点。从这个最低位开始，股市持续上扬，原因是当时正处于战中，我们接到了大量订单，上市公司获利颇丰。直至 1918 年 11 月 11 日第一次世界大战结束，这轮牛市仍持续了大约一年的时间。

1919 年 11 月 3 日，道琼斯 30 种工业股票平均指数达到了最高点119.62 点，这是当时的历史最高点，即从 53.17 点开始，上涨了 66.45 点。因此，当 1919 年 11 月 3 日以后，尤其是市场在已经持续上涨了 5 年时间之后，出现了陡直而快速的下跌时，你就应当知道这可能是市场到达最后的顶部，反转向下的信号。股市持续下跌，一直跌到了 1921 年 8 月 24 日63.90 点的最低点，整轮下跌行情共持续了近 22 个月，期间偶尔出现过几次正常的反弹。从 1921 年的这个最低点开始，大势掉头向上，直至1923 年 3 月 20 日的最高点 105.50 点，共上涨了 19 个月。然后又从这个最高位开始，出现了一轮下跌行情，直到跌至 1923 年 10 月 27 日的最低点 85.50 点，也就是从 3 月～10 月这七个月的时间里下跌了 20 个点。这是一种正常的自然的下跌，在 9 点波动图上常常会有 20、30、40 等点数的涨跌，不过，20 个点是正常市场中一种常见的变动幅度，因此，这是在所有的走势图上，特别是 3 日图上需要检查的地方，要在这个位置上注意观察趋势的变化。注意第一次陡直而快速的下跌，这仅是做了一次调整，它预示着趋势还会继续向上。

1924 年 2 月 6 日，最高点 101.50 点。市场从前一个最低点上涨了 16 点，但还没有穿越 1923 年 3 月 20 日的顶部，这是市场还要创新高的信号。

5 月 14 日，最低点 88.75 点，比 1923 年 10 月 27 日的最低点 85.50 点高出 3 点以上，这表明市场获得了更好的支撑，可以看高一线。这次下跌共持续了 69 天，规则 8——时间周期说明，市场变动的周期常常介于 60 ～ 72 天。

1925 年 3 月 6 日，最高点 123.50 点，超过 1919 年的最高点 119.62 点 近 4 个点。我们的规则说明，价格必须超过前一个最高点 5 点或 5 点以上，才是市场将继续向上的确切信号，然而，这仍然是股价将继续走高的第一 迹象。但是，调整接着就会出现，因为市场从前一个最低点 85.50 点就一 直在上涨。

1925 年 3 月 30 日，最低点 115.00 点，指数下跌了 8.5 点，而不是 10 点，所以，这次调整是正常的，市场仍处于强势之中。更何况，平均 价格指数没有跌到 1919 年的最高点 119.62 点以下 5 点的位置，说明市场 还会继续上扬，这个仅持续了 24 天的调整充其量只是牛市中的一次小小 回档。

1926 年 2 月 11 日，最高点 162.50 点，从前一个最低点 115.00 点上涨 了 47.50 点。时间跨度是 355 天，这也是调整的时候了。

1926 年 3 月 30 日，最低点 135.25 点，历时 17 天，指数下跌了 37.25 点。这次下跌的速度远远超过每日 1 点的水平，这在牛市中属于合 理调整，趋势将继续向上。

1927 年 10 月 3 日，最高点 199.78 点，在 186 天内指数上涨了 60.25 点。平均指数正好位于 200 点下方，由规则 3 可知，在 100 点、200 点、300 点 以及其他所有的整数关口，总会存在着大量的抛压和某种阻力。这预示着 市场将会出现一次调整，而实际上，这次调整的确即将到来。

1927 年 10 月 22 日，最低点 179.78 点，在 19 天[①]中指数下跌了 20 点。这是一次调整，随后就是新的一轮涨势，很快指数又穿越了 200 点，这表 明指数将要创新高，因为市场已经进入了新的高价区。

1928 年 11 月 28 日，最高点 299.35 点，在 403 天中指数上涨了

---

① 原文为 "119 天"。——译者注

119.50 点，刚好处在 300.00 点这个阻力位之下，这时市场应当出现一次调整，特别是指数从前一个底部已经上涨了 1 年多的时间了。

1928 年 12 月 10 日，最低点 254.50 点，在 12 天内指数下跌了 44 点。自 1921 年 8 月的大牛市开始以来，这是所有调整中最为急剧的一次。实际上，指数并未在这次陡直而迅速的下跌之后走低，而是开始构筑一个更高的底部，这表明调整阶段已经结束，股指将会继续上扬。

1929 年 3 月 1 日，最高点 324.50 点，在 81 天内指数上涨了 70 点。这个指数接近 325 点———一个存在抛压的位置，另一次新的调整又出现了。

1929 年 3 月 26 日，最低点 281 点，在 25 天内指数下跌了 43.5 点。请注意，这次下跌的幅度与 1928 年 11 月 28 日～1928 年 12 月 10 日出现的那次下跌几乎相同。市场以同样幅度的下跌在这些位置上获得了支撑，升势将重新开始。

1929 年 5 月 6 日，最高点 331 点，在 41 天内指数上扬了 50 点，市场已经创出新高，这意味着调整过后，市场指数还会走得更高。

5 月 31 日，最低点 291 点，在 25 天内指数下跌了 41 点，这次下跌所用的周期与前一次下跌相同，但市场构筑的底部比前一个底部高出 10 点，这说明市场获得的支撑更强而且大势仍然向上，所以它会继续上扬。

1929 年 9 月 3 日，最高点 386.10 点，在 95 天内指数上涨 95 点。按照我们的规则，快速上扬的市场会每天上涨 1 点左右，而事实证明，这是本轮大牛市中的最后一个最高点。与这场大牛市相伴而来的是因巨大的买盘而导致的历史上最大的成交量，实际上，世界各地都出现了大得离谱的巨大买盘；此时，这种现象是很自然的，因为在 1921 年 8 月～1929 年 9 月这八年多的时间里市场从 64 点上扬到 386.10 点，观察牛市尾声信号的时候到了，而且这个信号出现得太过突然，让人措手不及。这里可以研究一下 3 日图，在图中找到第一次信号出现的位置。投资者持仓过重，几乎所有的做空盘都被回补，所以当大家纷纷开始抛售时，就没有了买家，因此一场大面积的崩盘就无可避免地发生了。

1929 年 11 月 13 日，最低点 195.50 点，在 71 天内指数下跌了 190.60 点，创造了有史以来在最短时间内出现的最大跌幅。这是在短时间内对超买市场的调整，按照规则，随后出现了一场发生在第一次骤降后的反弹。这种次级反弹总是在市场持久的上涨和骤降之后出现。所以，在熊市里，在骤降之后会首先会出现一次迅猛的反弹，然后是一波次级下跌，形成最后的底部，随后大势反转向上。

1929 年 12 月 9 日，最高点 267 点，在 27 天内指数上涨了 71.5 点。这是一场因空头回补导致的上涨，是一次在超卖条件下的骤升，所以必会出现一次正常的快速回档。

1929 年 12 月 20 日，最低点 227 点，在 11 天内指数下跌 40 点。这次下跌速度太快，所以一定有反弹。

1930 年 4 月 16 日，最高点 297.5 点，指数在 154 天里从 11 月 13 日的最低点处上涨了 102 点，这是大熊市中的次级反弹，总是出现在这种大涨之后。注意第一个骤降的信号，它代表反弹结束，可以开始做空了。看看 3 日图，你就会注意到它是如何给出反弹结束的信号。指数继续下跌，一直跌至 1930 年 10 月 22 日的最低点 181.50 点，在 188 日内下跌了 116.5 点，期间仅出现了几次很小的反弹。就像现在这种情况一样，指数跌破 1929 年 11 月 13 日的最低点，说明熊市仍在继续，而当市场超卖后，就会出现陡直而快速的反弹。

1930 年 10 月 28 日，最高点 198.50 点，指数在 16 天内上涨了 17 点。按照我们的规则我们知道，正常的反弹会运行 20 点左右。指数未能在 16 天[①]内上涨 20 点说明市场仍处于弱势，而且还会继续走低，它果然继续下跌。

1930 年 11 月 11 日，最低点 168.50 点，在 13 天内指数下跌 30 点，这是一次非常快速的下跌。正是因为股价走低，所以套现压力增大，但

---

① 原文为 "6 天"。——译者注

是，在所有的骤跌之后，一定会出现持续时间短而快速的反弹。

1930 年 11 月 25 日，最高点 191.50 点，在 15 天内指数上涨 33 点。这次反弹陡直且而快速，而且股价上涨得极快，但它并没有达到 1929 年 11 月 11 日的最低点 195.50 点，这说明市场很弱，指数还会走低。此外，反弹后的指数仍然低于 1930 年 10 月 28 日的最高点 198.50 点，说明大势仍然向下，而且这仅是熊市中一次短暂的反弹。

长期下跌后的套现盘以及熊市中的急速反弹

1930 年 12 月 2 日，最高点为 187.50 点，市场从这个较低的顶部开始了下跌。在这最后一浪的套现盘中，跌势显得十分惨烈，因为大家持仓盼望中的牛市没有出现。

12 月 17 日，最低点 154.50 点，15 天内指数下跌了 33 点。这次下跌几乎是日跌 2 点，比正常的下跌快得多，因此，在过去的支撑位以及 150 点以上，会出现一个正常反弹的支撑点。

1931 年 2 月 24 日，最高点 196.75 点。注意，这个点位接近 1929 年 11 月 13 日的底部，而且低于 1930 年 10 月 28 日的最高点。根据我们的规则：顶部会变成底部，底部会变成顶部，以及当市场到达以往的这些位置时会出现买卖点。从 1930 年 12 月 17 日至 1931 年 2 月 24 日时间跨度是 69 天。与 1929 年 12 月 3 日～11 月 13 日历时 71 天的下跌相比，这个跨度验证了规则 8，即 67 天～72 天的时间周期。在 1931 年 2 月 24 日的这个顶部，指数从 1930 年 12 月 17 日的最低点上涨了 42.25 点。这场熊市中的快速反弹很快就结束了。通过研究 3 日图，你可以看到它是怎样给出指数走低的信号的，指数的不断下跌是自 1929 年以来市场震荡的高低点依次下移造成的。每个顶部都比前一个低一些，而底部则走得更低。所以，大势仍然向下。

1931 年 6 月 2 日，最低点 119.60 点，市场跌到了 1919 年的最高点。根据规则，反弹定会出现，因为过去的底部变成了现在的顶部，而过去的顶部变成了如今的底部。由于指数已经从 1931 年 2 月 24 日的最高点下跌了 77.25 点，历时 98 天。所以，我们可以在这个位置上期待一次反弹行情。

1931 年 6 月 27 日，最高点 157.50 点，指数在 25 天内上涨了 37.90 点。这个价位只比 1930 年 12 月 17 日的底部高出 3 点，而规则里说的是 5 点。所以，这是一个卖点，特别是这次上涨的时间很短。

1931 年 10 月 5 日，最低点 85.5 点，在 100 天内指数下跌了 72 点，几乎与前一次下跌所持续的时间相同。

1931 年 11 月 9 日，最高点 119.50 点。这相当于回到了 1931 年 6 月 2 日的最低点，以及 1919 年的顶部，于是这里便形成了一个卖点。这次反弹历时 35 天，上升幅度是 34 点。根据规则 12，一次快速的反弹大约是每天上涨 1 点。因此，你应当趁反弹再次做空，观察一下 3 日图，你就会发现趋势再次掉头向下的信号。

1932 年 2 月 10 日，最低点 70 点。这次快速下跌历时 92 天，指数下跌了 49.5 点。

1932 年 2 月 19 日，最高点 89.5 点，在 9 天内指数上涨了 19.5 点，这比 1931 年 10 月 5 日的最低点高 4 点，因此是一个卖点。市场涨速减缓，并在这个位置附近遇阻，通过 3 日图可知，市场已经见顶，新一轮下跌要开始了。

大熊市中最后的套现

1932 年 3 月 9 日，最高点 89.5 点，与 2 月 19 日的价位相同。这次最高点与前一个最高点相距 18 天，市场同样在 2 月 19 日的最高点受阻说明指数将进一步下跌，除非平均指数能够收在这些位置之上，但是市场没有做到。

1932 年 7 月 8 日，最低点 40.56 点，指数在 121 天内下跌了 49 点。在 1932 年 3 月 9 日～1932 年 7 月 8 日期间，最大的反弹是 7.5 点和 8 点，没有达到 10 点，而根据我们的规则，这是规模最小的反弹。这些反弹的持续时间从未超过 1、3、4 和 7 天[①]。上一个从 6 月 9 日的最低点 44.5 点至 6 月 16 日 51.5 点的 7 日反弹，只用了 7 天时间就上涨了 7 点。

自 7 月 8 日的最低点算起，第一个反弹维持了 8 天，指数上涨了 5 点，然后是一次 3 天时间调整，而市场仅下跌了 2 点的平均指数。从此，市场开始了一轮伴随着 3 天和 5 天调整的迅速反弹，直到 1932 年 9 月 8 日的最高点 81.50 点，指数在 62 天的时间里上涨了 41 点。从百分比上来说，这是一次平均价格指数上涨 100% 的反弹，参照规则 8，这些次级下跌或上涨持续时间为 60～67 天。

从 1930 年 4 月 16 日的最高点开始，最长的反弹时间是 69 天。而大多数反弹用时是 25、35 和 45 天，这些是熊市中最高的反弹。

从 1929 年 11 月 13 日～1930 年 4 月 16 日，历时 154 天，指数上涨 101.25 点。

1932 年 9 月 8 日，最高点 81.5 点，市场随后出现了一轮陡直的调整。10 月 10 日，最低点 57.5 点，在 32 天内指数下跌了 24 点。在经历了这次调整之后，市场进入了一轮中级级别的反弹行情。

---

① 原文为"1、3、4、4 和 7 天"。——译者注

最高点后的次级下跌

1933 年 2 月 27 日，最低点 49.50 点，在 172 天的时间里指数下跌了 32 点，在时间周期上堪比 1930 年 4 月 16 日达到的那次历时 154 天的次级下跌。这轮次级下跌后，罗斯福总统第一次宣誓就职，并且关闭了所有的银行。当银行重新开业后，一切都开始上涨。后来我们启动了金本位，这是通货膨胀的结果，所以股价伴随着巨大的成交量继续上扬，这说明大势向上，牛市来临。在经历了这些调整市场技术层面的次级下跌之后，与市场第一次反转向上时从底部开始的第一次上扬相比，市场的上升速度往往更快，涨幅也常常更大。

1933 年 7 月 18 日，最高点 110.50 点，指数从 2 月 27 日的最低点上涨了 61 点，历时 144 天。这轮上升行情以放大了的成交量为基础，市场开始超买。这时，E. A. 克劳福博士（Dr. E. A. Crawford）破产了。他曾是谷物和其他商品的大炒家之一，而且是股票的大多头。E. A. 克劳福博士败落后，商品期货市场的沉重抛压引发了股市的套现狂潮，造成了自 1929 年以来市场在 3 天内最为猛烈的下跌，这也是一轮短时间内的急剧调整。

7 月 21 日，最低点 84.45 点。3 天内价格指数下跌 26.08 点，但仍然处于 1932 年 9 月 8 日的最高位之上，说明市场的支撑良好，而且在这样一轮由于沉重套现盘而引发的骤跌之后，市场形成了一个反弹的买点。

次级反弹

当市场见顶并有了第一次骤跌之后，总会出现一轮次级反弹把指数推上极限最高位附近，而且如果反弹的高度比一个极限顶部低得多，则说明市场的走势非常弱。

1933 年 9 月 18 日，最高点 107.68 点，62 天内指数上涨了 23.23 点。这个点位低于 7 月 18 日的最高点 3 点，而 3 日图告诉我们趋势很快就将反转，大盘果然再次掉头向下。

1933 年 10 月 9 日，最高点 100.5 点，10 月 21 日最低点 82.20 点，12 天内指数下跌了 18.25 点。这场短时间内的急剧下跌，跌幅不到 20 点，说明市场的支撑良好。这里是指数在 1933 年至 1949 年的上扬中到达过的最低位。实际上，这是另一场牛市的开始。从 1933 年 7 月 18 日的最高点跌至 10 月 21 日最低点历时 95 天，而通过规则 8 可知，上涨或下跌常常持续 90 ～ 98 天。

急剧调整

1934 年 4 月 20 日，最高点 107.50 点。这比 1933 年和 1934 年的顶部还要低。

1934 年 5 月 14 日，最低点 89.50 点，指数下跌了 18 点，历时 24 天。市场再次下跌的事实不仅说明它与 1933 年 10 月 21 日的跌幅表现相当，没有超过 20 点，而且还表明指数正在获得支撑，并开始走高。

最后的最低点

1934 年 7 月 11 日，最高点 99.5 点。

1934 年 7 月 26 日，最低点 84.5 点，15 天内指数下跌了 15 点。由规则 12 可知，一场急剧下跌的行情，通常每天下跌 1 点左右，由于指数低于每股 100 美元，因此可以判断这是一个正常的市场中出现的一次正常的下跌。从 1933 年 7 月 18 日的最高点开始，市场已下跌了一年有余，所以开始转势了。通过观察 3 日图，你就会知道它是如何指明市场已经见底，而且突破了 3 日图上的顶部之后，趋势已经反转向上的。实际上，上一个重要的顶部是 7 月 11 日的 99.5 点，而突破了 100 点往往就预示着指数将要继续走高。

1934 年 7 月 26 日是另一轮大牛市的开始，而且指数站在 1933 年 10 月 21 日的最低点之上 2 点，这个事实说明，市场是 1932 年开始的牛市的延续。

1935 年 2 月 18 日，最高点 108.5 点，指数恰好高出 1934 年 4 月 20 日的顶部 1 点，这是个阻力位或卖点。

1935 年 3 月 18 日，最低点 96 点，28 天内指数下跌了 12.5 点。这是一次震荡幅度略超 10 点的正常调整，它说明市场的支撑良好，指数随后还会上扬。

1936 年 4 月 6 日，最高点 163.25 点，从 1935 年 3 月 18 日的最低点开始，指数上涨了一年多，是时候进行修正性调整了。

1936 年 4 月 30 日，最低点 141.50 点，24 天内指数下跌了 21.75 点，市场再次获得了支撑，而且在 3 日图上显示出了向上的趋势。指数仅下跌 20 点多一点，说明这是牛市中的一次正常调整。

1936 年 8 月 10 日，最高点 170.50 点，指数再次到达需要调整的高度。

8月21日，最低点160.50点，在11天内指数下跌了10点。这是一次正常的调整，由于大势仍然向上，所以这是买进的时候。

牛市中最后的顶部

1937年3月10日，最高点195.50点。指数到达了1929年11月的最低点，而且这个点位正好低于过去的顶部，对于将要出现最后的顶部的市场来说，这是个自然的阻力位和卖点。牛市开始于1932年7月8日，指数在56个月里总共上涨了155点，这场牛市的最后一段开始于1934年7月26日，直至1937年3月10日收场，共历时31个月零12天，涨幅是110点。下跌是从3月10日开始的，根据3日图和所有的规则可知，市场必然已经形成了最后的顶部，而且大势已经掉头向下。但是，我们还知道市场在到达最后一个顶部后会出现次级反弹。

熊市中的次级反弹

1937年6月14日，最低点163.75点，指数下跌了32.75点，从3月10日算起，时间跨度是96天。根据规则8，这是一种正常的时间长度，所以，是时候出现次级反弹了。

1937年8月14日，最高点190.50点，在61天内指数上涨了26.75点。60天左右是一个重要的时间周期，而且这与1932年7月8日牛市结束后的次级反弹的时间周期一致。指数比3月10日的最高点低5点，这说明市场处于弱势，不久，大势就掉头向下。

1937年10月19日，最低点115.50点，指数从3月10日的最高点下跌了 80 点，从 8 月 4 日的最高点下跌了 75 点，而且跌到了 1919 年的底部以下，但没有超过 5 点。在超卖条件下，一轮快速的反弹到来了。

10 月 29 日，最高点 141.50 点，指数在 10 天内上涨了 26 点，但这次上扬很快就结束了，因为 3 日图随即表明大势将继续向下。

熊市中最后的套现

要记住，时刻留心最后一次下跌或最后一次上涨，因为它是多空搏杀的最后结局。

1938 年 3 月 15 日，最高点 127.50 点。

1938 年 3 月 31 日，最低点 97.50 点，16 天内指数下跌了 30 点，这大约是平均每天要下跌 2 点，实在是太快了。这场开始于 1937 年 3 月 10 日的下跌已经持续了一年多，而且价格指数从最高点算起已经跌去了 50%。对于研判大盘的转势来说，这种百分比始终是重要的。

1938 年 7 月 25 日，最高点 146.50 点。反弹的时间周期从 5 月 27 日算起是 65 天，涨幅是 40 点，调整的时候到了。

1938 年 9 月 28 日，最低点 127.50 点，指数在 9 天内下跌了 19 点。这是一次正常的调整，而且根据我们的规则，在一个正常的市场中，这种下跌或上升的行情幅度通常在 20 点左右，这会再次成为牛市中进一步上扬的买点。

短暂牛市的结束

1938 年 11 月 10 日，最高点为 158.75 点。从 3 月 21 日算起，这轮行情的时间周期是 224 天，涨幅达到 61.25 点，这预示着一轮陡直而快速的下跌就要到来了。

11 月 28 日，最低点 136 点，指数下跌了 22.75 点，历时 18 天。回调的幅度超过 20 点，说明牛市已经结束，而进一步的下跌即将开始。

急剧下跌与调整到位

1939 年 3 月 27 日，最高点为 143.50 点。

1939 年 4 月 11 日，最低点为 120 点，15 天内指数下跌了 23.5 点。这是对市场超卖行情的彻底调整，并为更高的反弹打下了基础。

从 1938 年 11 月 10 日～1939 年 4 月 11 日，指数在 152 天内下跌了 38.75 点，这是一次平均指数的正常调整。

战时行动

1939 年 9 月 1 日，最低点 127.5，这一天希特勒入侵波兰，第二次世界大战爆发。人们到处购买股票，空方开始回补。人们相信，我们会有一场同 1914～1918 年战争期间一样的牛市。

9 月 13 日，最高点 157.75 点，12 天内上涨了 30 点。这次上扬太快了，而且未能突破 1939 年 11 月 10 日的顶部 158.75 点的位置，所以市场在这些以前的顶部位置遭遇到沉重的抛压，此时市场已经在一个狭窄的交易区间内运行了一段时间，这告诉每个人一个信息：它已经到达了最后的顶部，而且随时可能开始走低。

1940 年 5 月 8 日，最高点为 149 点。从这个位置开始，一场急剧而猛烈的下跌开始了。5 月 21 日，最低点 110.50 点，13 天内指数下跌了 38.5 点。5 月

21 日、28 日和 6 月 10 日，平均指数在这个水平形成了三重底，这说明市场支撑良好，而且这场骤降是由于希特勒入侵法国并得手而出现的。

随后出现的反弹一直持续到了 1940 年 11 月 8 日，此时离 1938 年的最高点正好两年时间。

1940 年 11 月 8 日，最高点为 138.50 点。在这次反弹之后，市场的高低点渐次下移，直至最后的底部出现。

最后的最低点——熊市的结束

1942 年 4 月 28 日，最低点为 92.69 点，从 1938 年 3 月 31 日算起，已经持续下跌 49 个月。1938 年 3 月 31 日的最低点是 97.50 点，而 1935 年 3 月 18 日的最低点是 96 点。因此，在这个时候，平均指数未能跌破以前的底部 5 点以上，这就形成了一个不久以后被 3 日图确认的买点。

从 1942 年 4 月 28 日的最低点开始，指数调整的幅度和时间都开始缩短，这说明大势将会向上，而且在 1943 年以前，没有出现过 10 点以上幅度的调整。

1943 年 7 月 15 日，最高点为 146.50 点，指数涨到了以往的抛压区，并且居于一系列的底部之下，调整必将出现。

8 月 2 日，最低点 133.50 点，18 天内指数下跌了 13 点。这是一次自然的调整，因为从 92.69 点～146.50 点，指数上涨了 53.81 点。

1943 年 11 月 30 日，最低点 128.50 点，指数从 7 月 15 日的最高点下跌了 18 点，历时 138 天。这是牛市中的一次正常调整，所以大势继续向上。

1945 年 3 月 6 日，最高点 162.50 点。此时的点位已经突破了 1938 年 11 月 10 日的最高点 158.75 点，说明市场仍处于牛市，指数将继续走高，但是，一场急剧的调整出现了。

1945年3月26日，最低点151.50点，20天内指数下跌了11点。注意，1940年4月8日的最高点是152点，那以后曾出现过一次大的下跌，所以，当指数跌到1945年3月26日的151.50点时，就跌到了以往的顶部位置，而这里也是一个买入点和支撑位置。

1945年5月8日，对德作战进入尾声，对股市来说，这是一个利多消息，市场因此开始上扬。

1945年5月31日，最高点为169.50点，就目前的市场运动来说，这是一个新的高位。

7月27日，最低点159.59点，57天内市场下跌了9.55点。指数回调未能超过10点，说明市场仍处于牛市，因为这是正常的调整点数。而指数站在了1938年11月10日的最高点上，这说明市场走势强劲。

1945年8月14日，对日作战结束。对于市场来说，这是利好消息，所以新一轮涨势开始了。

1945年11月8日，最高点192.75点。指数涨到了以前的密集成交区、以前的底部和顶部的下方，随后出现了一次自然的调整。

11月14日，最低点182.75点，6天时间里指数下跌了10点，这与以前出现的调整相当，而正常的回调表明大势依然向上。

1945年12月10日，最高点196.50点，指数又涨到了以往的顶部、底部和密集成交区域，这里会出现调整。

12月20日，最低点187.50点，在10天内指数下跌了9点，所以这是一次正常的调整。不过，要注意的是，这个指数已经突破了1937年的最高点，这说明市场还将走高，特别是在相隔7年多之后。

1946年2月4日，最高点207.49点。此时的市场已经在大成交量下上涨了数月，必将出现急剧的调整。

2月26日，最低点184.05点，22天内指数下跌了23.44点。自1942年8月28日来，这是最陡直的一次下跌，所以它也是牛市正在接近尾声的第一次警告。

随后，一波行情涨到了 4 月 10 日的最高点 208.93 点，高于 2 月 4 日的最高点，市场还在上扬。但是，这是一个短期的双顶，随后就出现了一轮调整。

5 月 6 日，最低点 199.26 点，26 天内指数下跌了 9.67 点，这是一次正常的调整，而且指数收在 200 点上，说明市场支撑良好，指数会进一步上扬。

最后的顶部——牛市的终结

1946 年 5 月 29 日，最高点为 213.36 点，这是从 1942 年 4 月 28 日开始的牛市的结尾。这场牛市共持续 49 个月，与 1938 年的底部至 1942 年的底部间的时间周期相同。价格指数上涨了 120.75 点，仅比 2 月 4 日的最高点高 6 点的事实说明，2 月的第一个突破信号是对牛市终结的正确警告，5 月 29 日最高点后的 3 日图也可迅速确认大势已经掉头向下。

6 月 21 日，最低点 198.50 点，23 天内指数下跌了 13.75 点。这是牛市已经结束的第一个信号，但一轮次级反弹也随之而来。

7 月 1 日，最高点 208.50 点，指数涨到了与 2 月的最高点大致相同的位置，在 10 天内上涨 10 点是熊市中的正常反弹。

1946 年 7 月 24 日，最低点 195.50 点，指数跌到了 1937 年以及 1945 年 12 月的顶部水平，这也是反弹的支撑位。

1946 年 8 月 14 日，最后一个顶部为 205.25 点，紧接着市场开始大跌，平均指数跌破了 184 点，也就是 2 月 26 日的最低点，这表明大势已经向下。还应注意，1937 年 8 月 14 日是大势反转向下后次级反弹形成的最后一个最高点。

除 1929 年的那次牛市外，1942 年 4 月～1949 年 5 月的牛市的持续时间最长。所以，一轮持续时间很短的急剧调整随之出现了。

1946 年 10 月 30 日，最低点 160.49 点，154 天内指数从 5 月 29 日的最高点下跌了 53 点。注意，1945 年 7 月 27 日的最低点 159.95 点，使这里变成了一个支撑位和买点。从 5 月的最高点至 10 月的最低点，154 天内指数下跌了 25%，这是对超买市场的一次调整，而在此之前市场仅有一些正常的调整。从 1946 年 10 月 30 日的最低点开始，市场出现了一轮反弹。

1947 年 2 月 10 日，最高点 184.50 点，指数在 103 天内上涨了 24 点，正处于 1946 年 2 月的底部之下，时间相隔一年，这对趋势的变化来说很重要，因为 2 月 5 日～ 10 日对转势来说往往很重要。

次级下跌

1947 年 5 月 5 日，最高点为 175.50 点，5 月 19 日，最低点为 161.50 点。14 天内指数下跌了 14 点，这完全符合我们的规则，即正常的市场大约每天下跌 1 点。这个底比 1946 年 10 月 30 的底高，这使它成为一个双底和买点，查看 3 日图也能确认这一点。

1947 年 7 月 25 日，最高点 187.50 点，67 天内指数上涨了 26 点，这是 60 天～ 72 天的正常反弹周期之一，因为市场将出现回档。

1947 年 9 月 9 日和 9 月 26 日，最低点 174.50 点，46 天内指数下跌了 13 点，紧接着市场出现了反弹。

10 月 20 日，最高点 186.50 点[①]，24 天内指数上涨了 12 点，这个顶部低于 7 月的顶部，说明这里是个卖点，而且日后趋势将继续向下。

1948 年 2 月 11 日，最低点 164.04 点，自 1947 年 7 月起指数下跌了 23.40 点。这个底高于 1946 年 10 月和 1947 年 5 月的底，这意味着市场有良好的支撑，这里是个买点。在 3 日图上，价格指数先在一个狭窄的区间内运行了 1 个月，然后向上攀升。

1948 年 6 月 14 日，最高点 194.49 点，自 2 月 11 日起指数上涨了

---

① 原文为"176.50 点"。——译者注

30.45 点 [①]，历时 126 天，这期间没有一次调整能持续 6 天以上或是调整幅度超过 4 点，市场明显超买，此时必然会出现一次自然的调整过程。指数涨到过去的底部和顶部，也就是 1937 年的各个最高点和 1929 年的各个最低点，于是这里便形成了一个阻力位和卖点。

1948 年 7 月 12 日，最后一个最高点是 192.50 点，7 月 19 日，最低点是 179.50 点，7 天内指数下跌了 13 点，这预示着指数将进一步下跌。

9 月 7 日，最低点 175.50 点，指数跌到了过去的支撑位上，这说明对趋势的变化来说，9 月里的反弹总是很重要。

10 月 26 日，最高点 190.50 点，29 天内指数上涨了 15 点，这个顶部较前一个低，指数点位与 1937 年 8 月 14 日市场掉头下跌时的相同。牢记时间周期和过去的这些指数永远重要。此时的指数既低于 1948 年 6 月和 7 月时的点位，又与 1946 年 10 月相距 2 年，对于判断趋势变化来说非常重要。

大选之后的暴跌

11 月 1 日，最高点为 190 点，11 月 30 日，最低点为 170.50 点，29 天内价格指数下跌了 18 点，跌到了一个导致反弹的支撑位。

1949 年 1 月 7 日和 24 日，最高点 182.50 点，38 天里指数上涨了 11 点。据规则 8 可知，当指数到达 1 月 7 日和 24 日间的最高点，同时又跌破 1 月初创下的最低点时，趋势即将向下。

在 1 月 24 日之后，指数未能突破 1 月 7 日的最高点，说明市场处在顶部，是出货的时候了。

2 月 25 日，最低点 170.5 点，只比 1948 年 11 月 30 日的最低点低 1 点，

---

① 原文为"34 点"。——译者注

是即将出现反弹的支撑位。

3 月 30 日，指数为 179.15 点，从 2 月 25 日起，指数的最低点上涨了 8.65 点。33 天时间里指数未能上涨 9 点的事实说明，市场走势很弱，指数将进一步走低。

记住规则 8，即重要的转势常常出现在 5 月 5 日～ 10 日。5 月 5 日，最后一个最高点是 177.25 点，既低于 3 月 30 日的最高点，也低于 4 月 18 日的最高点，这说明大势仍然向下，下跌仍会持续。

1949 年 6 月 14 日，最低点为 160.62 点，自 3 月 30 日起，76 天的时间里指数下跌了 18.43 点，这是指数第三次到达同样高度的低位。

1946 年 10 月 30 日，最低点 160.49 点；1947 年 5 月 19 日，最低点 161.38 点；1948 年 11 月 30 日，最低点 170.50 点。从 5 月 5 日～ 6 月 14 日，正好 40 天的时间跌去了 16.63 点，且指数第三次处于相同的低位，并与 1948 年 6 月 14 日的最高点正好相隔 1 年，也就是说，这里形成了一个买点，反弹的时候到了。

开始于 6 月 14 日的反弹一直持续到撰写本书时的 1949 年 7 月 17 日，平均价格指数涨到了 175 点之上，这是迄今为止从 1949 年的任何最低点开始算起的最大涨幅。

第六章
平均指数波动的重要时间周期

如果你有道琼斯工业股票平均指数每次涨跌的时间长度记录，并且知道涨跌的幅度，就能够预测未来股市的运动周期，并能够在每个上涨或下跌行情的尾声阶段及时判断出转势何时出现。

在下表中，指数后的字母"A"代表上涨，其后是上涨的时间。而字母"D"代表下跌，其后的天数表示市场从上个指数位下跌所经历的时间。

1912年	10月8日	最高点 94.25点				1918年	10月18日	89.50点	A	304天
1913年	6月11日	最低点 72.11点	D	246天		1919年	2月8日	79.15点	D	103天
	9月13日	83.50点	A	94天			7月14日	112.50点	A	156天
	12月15日	75.25点	D	95天			8月20日	98.50点	D	37天
1914年	3月20日	83.50点	A	95天			11月3日	119.62点	A	26天
	12月24日	53.17点	D	279天			11月29日	103.50点	A	26天
1915年	4月30日	71.78点	A	127天		1920年	1月3日	109.50点	A	35天
	5月14日	60.50点	D	14天			2月25日	89.50点	D	53天
	12月27日	99.50点	A	199天			4月8日	105.50点	A	42天
1916年	7月13日	86.50点	D	198天			5月19日	87.50点	D	41天
	11月21日	110.50点	A	30天			7月8日	94.50点	A	50天
	12月21日	90.50点	A	30天			8月10日	83.50点	D	33天
1917年	1月2日	99.25点	A	14天			9月17日	89.75点	A	38天
	2月2日	87.00点	D	31天			12月21日	65.90点	D	96天
	6月9日	99.25点	A	127天		1921年	5月5日	80.05点	A	135天
	12月19日	65.90点	D	192天			6月20日	64.75点	D	46天

	7月6日	69.75点	A	16天			10月3日	195.50点	A	97天
	8月24日	63.90点	D	49天			10月22日	179.50点	D	19天
1922年	10月14日	103.50点	A	52天		1928年	1月3日	203.50点	A	73天
	11月14日	93.50点	D	31天			1月18日	191.50点	D	15天
1924年	2月6日	101.50点	A	84天			3月20日	214.50点	A	62天
	5月14日	88.75点	D	98天			4月23日	207.00点	D	34天
	5月20日	105.50点	A	98天			5月14日	220.50点	A	21天
	10月14日	99.50点	D	55天			5月22日	211.50点	D	8天
1925年	1月22日	123.50点	A	100天			6月2日	220.50点	A	13天
	2月16日	117.50点	D	25天			6月18日	202.00点	D	16天
	3月6日	125.50点	A	18天			7月5日	214.50点	A	19天
	3月30日	115.00点	D	24天			7月16日	205.00点	D	11天
	4月18日	122.50点	A	19天			10月24日	260.50点	A	100天
1925年	4月27日	119.60点	D	9天			10月31日	249.00点	D	7天
	11月6日	159.25点	A	192天		1928年	11月28日	298.50点	A	28天
	11月24日	148.50点	D	18天			12月10日	254.36点	D	12天
1926年	2月11日	162.50点	A	78天		1929年	2月1日	325.00点	A	53天
	3月3日	144.50点	D	20天			2月18日	293.00点	D	17天
	3月12日	153.50点	A	9天			3月1日	325.00点	A	13天
	3月30日	135.50点	D	18天			3月26日	281.50点	D	25天
	4月24日	144.50点	A	25天			5月6日	331.00点	A	41天
	5月19日	137.25点	D	25天			5月31日	291.00点	D	24天
	8月24日	162.50点	A	97天			7月8日	350.50点	A	38天
	10月19日	145.50点	D	56天			7月29日	337.00点	D	21天
	12月18日	161.50点	A	60天			9月3日	386.10点	A	36天
1927年	1月25日	152.50点	D	38天			10月4日	321.00点	D	31天
	5月28日	172.50点	A	123天			10月11日	358.50点	A	7天
	6月27日	165.50点	D	30天			10月29日	210.50点	D	18天

	日期	点数		天数		日期	点数		天数
	11月8日	245.00点	A	10天		1月14日	87.50点	A	9天
	11月13日	195.50点	D	5天		2月10日	70.00点	D	27天
	12月9日	267.00点	A	27天		2月19日	89.50点	A	9天
	12月20日	227.00点	D	11天		6月2日	43.50点	D	103天
1930年	2月5日	274.00点	A	47天		6月16日	51.50点	A	14天
	2月25日	259.50点	D	20天		7月8日	40.60点	D	22天
	4月16日	297.75点	A	50天		9月8日	81.50点	A	62天
	5月5日	249.00点	D	19天		10月10日	57.50点	D	32天
	6月2日	275.00点	A	28天		11月12日	68.50点	A	33天
	6月25日	207.50点	D	23天		12月3日	55.50点	D	21天
	7月28日	243.50点	A	33天	1933年	1月11日	65.25点	A	39天
	8月9日	234.50点	D	12天		2月27日	49.50点	D	47天
	9月10日	247.00点	A	32天		7月18日	110.50点	A	141天
	10月18日	183.50点	D	38天		7月21日	84.50点	D	3天
	10月28日	298.50点	A	10天		9月18日	107.50点	A	59天
1930年	11月10日	168.25点	D	13天		10月21日	82.20点	D	33天
	11月25日	191.50点	A	15天	1934年	2月5日	111.50点	A	107天
	12月17日	154.50点	D	22天		3月27日	97.50点	D	50天
1931年	2月24日	196.75点	A	59天		4月20日	107.00点	A	24天
	4月29日	142.00点	D	64天		5月14日	89.50点	D	24天
	5月9日	156.00点	A	10天		6月19日	101.25点	A	36天
	6月2日	119.50点	D	24天		7月26日	84.50点	D	37天
	6月27日	157.50点	A	25天		8月25日	96.25点	A	30天
	8月6日	132.50点	D	40天		9月17日	85.75点	D	23天
	8月15日	146.50点	A	9天	1935年	1月7日	106.50点	A	112天
	10月5日	85.50点	D	51天		2月6日	99.75点	D	30天
	11月9日	119.50点	A	35天		2月18日	108.50点	A	12天
1932年	1月5日	69.50点	D	57天		3月18日	96.00点	D	28天

	9月11日	135.50点	A	177天			8月24日	145.50点	A	12天
	10月3日	126.50点	D	22天			9月28日	127.50点	D	35天
	11月20日	149.50点	A	48天			11月10日	158.75点	A	43天
	12月16日	138.50点	D	26天			11月28日	145.50点	D	18天
1936年	4月6日	163.25点	A	112天		1939年	1月5日	155.50点	A	38天
	4月24日	141.50点	D	18天			1月26日	136.25点	D	21天
	8月10日	170.50点	A	108天			3月10日	152.50点	A	43天
	8月21日	160.50点	D	11天			4月11日	120.25点	D	31天
	11月18日	186.25点	A	89天			6月2日	140.50点	A	52天
	12月21日	175.25点	D	33天			6月30日	128.75点	D	28天
1937年	3月10日	195.50点	A	79天			7月25日	145.50点	A	25天
	4月9日	175.50点	D	30天			8月24日	128.50点	D	30天
	4月22日	184.50点	A	13天			8月30日	138.25点	A	6天
	6月14日	163.75点	D	53天			9月1日	127.50点	D	2天
	8月14日	190.50点	A	61天			9月13日	157.50点	A	12天
	10月19日	115.50点	D	67天			9月18日	147.50点	D	5天
	10月29日	140.50点	A	10天			10月26日	156.00点	A	38天
1937年	11月23日	112.50点	D	25天			11月30日	144.50点	D	35天
	12月8日	131.25点	A	15天		1940年	1月3日	153.50点	A	34天
	12月29日	117.50点	D	21天			1月15日	143.50点	D	12天
1938年	1月15日	134.50点	A	17天			3月28日	152.00点	A	73天
	2月4日	117.25点	D	20天			5月21日	110.61点	D	54天
	2月23日	133.00点	A	19天			5月23日	117.50点	A	2天
	3月31日	97.50点	D	36天			5月28日	110.50点	D	5天
	4月18日	121.50点	A	18天			6月3日	116.50点	A	6天
	5月27日	106.50点	D	39天			6月10日	110.50点	D	7天
	7月25日	146.50点	A	59天			7月31日	127.50点	A	51天
	8月12日	135.50点	D	18天			8月16日	120.50点	D	16天

	9月5日	134.50点	A	20天	1944年	1月11日	138.50点	A	42天
	9月13日	127.50点	D	8天		2月7日	134.25点	D	27天
	9月24日	135.50点	A	11天		3月16日	141.50点	A	38天
	10月15日	129.50点	D	19天		4月25日	134.75点	D	40天
	11月8日	138.50点	A	24天		7月10日	150.50点	A	76天
	12月23日	127.50点	D	45天		9月7日	142.50点	D	59天
1941年	1月10日	134.50点	A	18天		10月6日	149.50点	A	29天
	2月19日	117.25点	D	40天		10月27日	145.50点	D	21天
	4月4日	125.50点	A	44天		12月16日	153.00点	A	50天
	5月1日	114.50点	D	27天		12月27日	147.75点	D	11天
	7月22日	131.50点	A	82天	1945年	3月6日	162.25点	A	69天
	8月15日	124.50点	D	24天		3月26日	151.50点	D	20天
	9月18日	130.25点	A	34天		5月31日	169.50点	A	66天
	12月24日	105.50点	D	97天		7月27日	159.95点	D	57天
1942年	1月6日	114.50点	A	13天		11月8日	192.75点	A	104天
	4月28日	92.69点	D	112天		11月14日	182.75点	D	6天
	6月9日	106.50点	A	42天		12月10日	196.50点	A	26天
	6月25日	102.00点	D	17天		12月20日	187.50点	D	10天
	7月9日	109.50点	A	14天	1946年	2月4日	207.50点	A	46天
	8月7日	104.40点	D	29天		2月26日	184.04点	D	22天
	11月9日	118.50点	A	94天		4月18日	209.50点	A	51天
	11月25日	113.50点	D	16天		5月6日	199.50点	D	18天
1943年	4月6日	137.50点	A	132天		5月29日	213.36点	A	23天
	4月13日	129.75点	D	7天		6月12日	207.50点	D	14天
	7月15日	146.50点	A	93天		6月17日	211.50点	A	5天
	8月2日	133.50点	D	18天		6月21日	198.50点	D	4天
	9月20日	142.50点	A	49天		7月1日	208.50点	A	10天
	11月30日	128.50点	D	71天		7月24日	194.50点	D	23天

	8月14日	205.25点	A	21天		12月6日	175.50点	D	47天
	9月19日	164.50点	D	36天	1948年	1月5日	181.50点	A	30天
	9月26日	176.50点	A	7天		2月11日	164.04点	D	37天
	10月10日	161.50点	D	14天		6月14日	194.49点	A	124天
	10月16日	177.25点	A	6天		7月19日	179.50点	D	35天
	10月30日	160.62点	D	14天		7月28日	187.00点	A	9天
	11月16日	175.00点	A	7天		8月11日	176.50点	D	14天
	11月22日	162.50点	D	16天		9月7日	185.50点	A	27天
1947年	1月7日	179.50点	A	46天		9月27日	175.50点	D	20天
	1月16日	170.25点	D	9天		10月26日	190.50点	A	29天
	2月10日	184.50点	A	25天		11月30日	171.50点	D	35天
	2月15日	172.00点	D	5天	1949年	1月7日	182.50点	A	38天
	3月28日	179.50点	A	41天		1月17日	177.50点	D	10天
	4月15日	165.50点	D	18天		1月24日	182.50点	A	7天
	5月5日	175.50点	A	20天		2月25日	170.50点	D	32天
	5月19日	161.50点	D	14天		3月30日	179.15点	A	33天
	7月14日	187.50点	A	56天		4月22日	172.50点	D	23天
	9月19日	174.50点	D	57天		5月5日	177.25点	A	13天
	10月20日	186.00点	A	41天		6月14日	160.69点	D	40天

第七章
道琼斯30种工业股平均指数的3日图

我用道琼斯 30 种工业股平均指数作为趋势指标，不仅是因为道氏理论（Dow Theory）有多么完美，而是因为这些平均指数确实反映了大多数个股的趋势。但是，在上涨的时候，某些个股的时间周期比平均指数的短，而有些则较长。同样，在熊市中也是如此，某些股票见底的时间也与平均指数有出入，但是，当市场到达最终的最高点或最低点时，平均指数的确是一种有效的指引，因为它对于确定买卖的阻力价位起着不可估量的作用。铁路板块平均指数正在慢慢地过时，而且再也无法与工业股平均指数的变化协调一致，而公用事业板块平均指数正处于强势，它与工业股平均指数的协调性比铁路股平均指数更强。我建议大家密切关注道琼斯 30 种工业股平均指数的变动，并追踪这些成分股的波动趋势，然后抓住那些与大盘有着同样变动趋势的个股进行交易。在过去的几年中，铁路板块平均指数与工业股平均指数的涨跌幅度未能保持同步，因为在大多数情况下，工业股比铁路股的走势强，而且涨速快。因此，根据道氏理论研判铁路股票平均指数是否与工业股平均指数步调一致的做法是很蠢的。你要做的是观察那些处于强势或弱势的个股，然后从中挑选，择机交易，将工业股票平均指数作为一致趋势指标，同时运用我给出的所有交易规则。

这些平均指数并不是所有股票的真正平均值。从 1897 至 1914 年，它来源于 12 种股票的计算结果，到了 1914 年 12 月，被纳入计算的股票变成了 20 种，随后又变成了 30 种。要提醒大家的是，尽管平均指数很有效而且也确实给出了趋势的确切信号，但它们并不代表这些股票当前的实际价值，因为平均指数在计算时已经考虑了分红和拆股因素。而我所说的真正的平均指数是指，在任何时候，不考虑分红和拆股，购买 100 股这 30 种股票所需要的成本。比如，1949 年 6 月 14 日，按考虑分红和拆股因素的计算方法，道琼斯平均指数得到的最低点是 160.69 点，但如果将那天 30 种工业股票平均价格指数的最低价除以 30，我们得到的是 52.27 点，这才是正确的平均指数，也是那时买进这些股票的真实成本。

6 月 14 日，杜邦公司（DuPont）拆股后价格有了变化。

1949 年 6 月 28 日，计算杜邦公司拆股后平均价格指数的最低点，得到的是 48.59 点，而通常计算出的最低点是 164.65 点。

如果按道琼斯的公式计算，平均指数是 164.65 点，那时在 30 种工业股中仅有一家股票的价格高于这个水平，那就是售价 167 美元一股的联合化学公司（Allied Chemical）。而美国电话公司（American Telephone）是 139 美元一股，接下来是美国罐头公司（American Can），股价为 89.25 美元，而国家钢铁公司（National Steel）的是 75 美元。所有其他股票的价格都比道琼斯指数的这个价位低很多，有些甚至一股只卖 17 美元和 18 美元，而大多数则在 20 美元左右。当然，这种计算平均指数的方法，会使走势图失真，并使平均指数看上去远远高于实际的价格。但是，这并不妨碍你使用道琼斯 30 种工业股的平均指数，并以此判断市场趋势，就像它是按真实的价格计算出来的那样。

3日及以上的市场波动

这些数字将用在 3 日图中。它们记录了 3 日或 3 日以上的市场波动，除非指数到最高点或最低点，而且我们又想在市场非常活跃的时候抓住转机，那么我们偶尔也会使用 1 日或 2 日的市场运动数据。所有的市场运动都是以天为单位进行计算的。3 日图的使用规则是，当指数跌破 3 日底时，就表示市场会跌得更低，而当指数突破 3 日的头部或最高位时，就表示市场还将继续上扬。但是，你必须综合运用其他规则，同时考虑市场开始上扬时的最后一个最低点或起涨点，以及市场开始下跌时的最后一个最高点，因为这些主要的市场转折点非常重要。在一个上升的市场中，大盘的底部会随着波动而逐渐抬高；在一个下跌的市场中，大盘的顶部会随着主要波动逐渐下移。但有时市场既不会跌破前一轮行情的最低点，也不会突破以前的头部，在平均指数或个股没有突破整理区间以前，你就不能认为大势已经发生转向。

　　时间周期对于股指的走势来说至关重要，市场突破头部或跌破底部的时间越长，今后的行情就会涨得越高或跌得越深。

　　你还要注意市场已经从极限最低位上涨了多久，或从极限最高位下跌了多久。往往在任何行情的末期，价格指数都可以创出新高，或略微下跌至较低的位置，然后停留在原地，因为时间周期已经到了。

　　例如，1938 年 3 月 31 日，道琼斯 30 种工业股平均指数曾下跌至 97.5 点。之前同样价位的底部出现在 1935 年 3 月 18 日，当时的平均价格指数是 96 点。

　　1942 年 4 月 28 日，道琼斯平均指数下跌至 92.62 点，与 1938 年的最低点相比低不到 5 点，与 1935 年的最低点相比低不到 4 点。我们的规则说明，指数是可以比过去的底部低 5 点，或比以前的头部高 5 点，而不改变市场主要的趋势的。

　　到 1942 年 4 月，股市从 1937 年 3 月 10 日的极限最高点持续下跌了 5 年多的时间，走完了一个漫长的时间周期。所以，当指数跌破这些过去的底部，而又没有超过 5 个点时，你就可以买进股票，因为趋势将要开始反转。请注意 3 日图上的市场运动曲线，1942 年 4 月 21 日，最后一个最高点是 98.02 点，4 月 8 日，极限最低点是 92.69 点，这轮下跌行情历时 7 天，跌幅不到 6 点。

　　1942 年 5 月 11 日，平均指数涨到了 99.49 点；从 3 日图可知，它比 4 月

21 日出现的最后一个头部高，因此市场将会继续上扬。从 5 月 11 日开始，出现了一场为期 3 天的下跌行情，指数跌到了 96.39 点，下跌了 3.30 点，指数再也没有低于这个水平，直到 1946 年 5 月 29 日市场到达了最后的最高点。通过研究 3 日图以及高低点依次上移的走势，你可以看到这些走势图指明市场呈上升趋势，当然其间会出现一些正常的调整，包括时间周期的调整和价格幅度的调整，但是上升趋势一直未变。

30种工业股平均指数的3日图波动

本书记载的数据代表了从 1912 年～ 1949 年 7 月 19 日的平均价格指数的所有 3 日波动。本书后 3 日图起始于 1940 年 11 月 8 日，显示了那个时期的每一组 3 日波动情况。

绘制3日图的方法

当市场从一个底部开始上涨，并连续 3 天高点和低点均依次上移时，3 日图上指数就到达了第三天的头部。如果市场随后调整 2 天，那么你无需在走势图上记录这个市场波动，但当股市运动到第一个头部以上时，你就应当用趋势线把每天的头部连接起来，直至 3 天内更低的底部出现。然后你要将趋势线一直连至第三天的最低点，而且只要指数继续下跌，你就应一直画下去。在这种情况下，你可以记录 2 日波动，尤其在市场震荡剧烈时，如果市场已经上涨了相当长的一段时间，而且做了双头或三头，并在 3 日图上跌破了上一个最低点，那么你至少可以判定小趋势已经反转向下了；如果市场一直在下跌，而且在 3 日图上跌破了前一个顶部最高点，你就可以判定市场至少目前已经反转向上。你会发现将 3 日图的信号与其他所有规则结合起来使用对你很有帮助。

3 日市场运动的例子。

从 1940 年 11 月 8 日开始，最高点为 138.50 点，趋势已经在 3 日图上反转向下，而曲线的高低点也已经依次下移。

1941 年 4 月 23 日，5 月 1 日、16 日和 26 日，市场到达最低点。指数在 5 月 26 日走出第二个上移的底部，这是买进时机，你可在 5 月 1 日的最低点之下的位置处设置止损单。当指数突破 5 月 21 日的最高点时，趋势显示出了向上的迹象。7 月 22 日，最高点 131.5 点。平均价格指数跌破了 3 日图上的底，并在 8 月 15 日创下最低点 124.5 点，市场随后反弹至 9 月 18 日，到达最高点 130.25 点，这比 7 月 22 日的头部低，因此是一个卖点。大盘趋势继续向下，并跌破了 8 月 15 日的最低点，这意味着大势向下。市场继续下跌，仅在 1942 年 1 月 6 日突破过一个 3 日图的头部，而且仅比 1941 年 12 月 16 日的最高点高出 2 点，而 1 月 6 日左右是一个极可能出现转势的日子。市场继续下跌至 1942 年 4 月 28 日的极限最低点 92.69 点，即从 1941 年 7 月 22 日开始，下跌了 38.31 点，而通过研究 3 日图你就可以一直做空。

从 4 月 28 日的最低点起，平均指数的高低点开始依次上移。相较于 1935 年和 1938 年的底部位置而言，这无论如何都是个买入的时机。

1942 年 6 月，平均指数穿越了 4 月 7 日的最高点 102.5 点，趋势无疑会向上。上升的行情将高低点不断上移，直至 1943 年 7 月 15 日的最高点 146.5 点，由我们的规则可知这里是个卖点。之后 3 日图曲线掉头向下，指数一直跌至 11 月 30 日的最低点 128.94 点。这里要注意，3 月 10 日和 22 日的最低点都在 128.5 点附近，因此不同于过去在 3 日图看到的底部价位，这里的 129 点成为一个买点。11 月 30 日后，趋势掉头向上，而且每个底部都逐渐抬高，直至 1946 年 2 月 4 日的最高点 207.5 点，这是个卖出点位，随后出现的下跌陡直而快速，这轮下跌行情一直持续到了 2 月 26 日的最低点 184.04 点。注意，前一个最低位出现在 1945 年 10 月 30 日和 11 月

14 日的 183 点附近，这使 184 点相对于过去的底部成了一个买点。从 2 月份开始，大势重新开始向上攀升，直至 1946 年 5 月 29 日最后的最高点 213.25 点，我们的多条规则都说明，这里是一个卖点。6 月 12 日，最低点 207.5 点，指数正好停在 2 月 4 日的头部之上，所以会从这里出现反弹。6 月 17 日，最高点 208.5 点，与 2 月 4 日的情况相同，因此也是一个卖点。新的一轮下跌行情重新开始，平均指数跌破了 6 月 12 日的最低点，说明大势已经向下。直至 1946 年 10 月 30 日最后的最低点 160.69 点，指数未能突破任何 3 日图的顶部，比较一下 1945 年 7 月 27 日的最低点，以及我们提到过的时间周期及百分比点规则，我们判定这个最低点是一个买点。

从 1946 年 10 月 30 日～1947 年 2 月 10 日的最高点 184.5 点，指数未能跌破 3 日图上任何一个最低点 3 点以上，而这个高点又在 1946 年 2 月 26 日的底部之下，因此是一个卖点。大势再次掉头向下，每次反弹的最高点逐步降低，直至 1947 年 5 月 19 日的最低点 161.5 点，相比于 1946 年 10 月 30 日的底部价位，我们可以断定这个位置是一个买点，一轮快速的上升行情果然出现了。7 月 14 日，最高点 187.5 点;7 月 18 日，最低点 182 点;7 月 25 日，最高点 187.5 点，指数在此形成了双头，因此是个卖点。随后，平均指数跌破了 7 月 18 日的最低点，并继续下跌至 9 月 9 日和 26 日，直至创下最低点 174.5 点，这与 6 月 25 日的最低点相同，所以指数在此形成了双底和买点。

10 月 20 日，最高点为 186.5 点，低于 7 月 14 日和 25 日的头部，所以可以断定这里是一个卖点。趋势反转向下，在 3 日图上指数曲线的高低点逐渐下移，直至 1948 年 2 月 11 日，此时市场到达了最低点 164.07 点。指数在 2 月 20 日和 3 月 17 日分别出现了一个点位相同的底，这使指数形成了一个双底以及买点，当指数突破了 3 月 3 日的头部时，趋势已经确定向上了，这里就形成了一个安全的买点。行情急速上升，直到 1948 年 6 月 14 日的最高点 194.49 点时，指数也未跌破过 3 日图上的任何底部价位，这个最高点正好约是 386 点的 50%，并处于以往的底部和头部区域，因此这是卖出多头仓位并建立空头仓位的位置，随后，市场趋势反转向下。

8 月 11 日和 21 日，以及 9 月 27 日，平均指数的最低点在 176.5 点 ～ 175.5 点，这里构成了双底和三底，也形成了一个买点。随后开始了一场快速的反弹，直至 10 月 26 日达到最高点 190.50 点，之后又出现了截止到 10 月 9 日的回调，以及至 11 月 1 日的反弹。指数跌破 10 月 29 日的最低点表明大势已经向下，因此总统选举过后，出现了新一轮快速的下跌行情。

11 月 30 日，最低点 170.5 点，相对于过去的底部，这是一个支撑位和买点，这之后又出现了一轮反弹。

1949 年 1 月 7 日，最高点是 182.5 点，之后经过回调整理，又出现了另一轮反弹，反弹一直持续到 1 月 24 日，指数在此形成了双头和卖点。根据我们的其他规则，如果平均价格指数不能突破 1 月 7 日和 24 的头部，就意味着它还将走低。

2 月 25 日，最低点是 170.5 点，指数与 11 月 30 日的最低点一起形成了一个双底和买点。3 月 30 日，最高点 179.15 点，由 9 点波动图可知，平均价格指数未能反弹 9 点说明市场处于弱势。3 月 30 日以后，趋势果然反转向下，在 3 日图上，指数的高低点逐渐下移，直至 6 月 14 日，最低点达到 160.62 点。相对于 1946 年 10 月 30 日的最低点和 1947 年 5 月 19 日的最低点，指数形成了三重底，因此这里是一个可以用止损单保护起来的买点。随后出现的反弹持续到了 7 月 19 日，平均价格指数一直上涨到 174 点以上，而且在 3 日图上没有任何回调。实际上，股指仅出现过 1 日回调，这固然说明市场仍处于强势，但平均价格指数将回调 3 日甚至更久也就是迟早的事，在那之后，当平均价格指数突破第一次回调的头部时，就是趋势反转向上的确定信号，指数必将走高。

1912～1949年平均指数的3日运动

（见对 1940 年 11 月 18 日后的 3 日运动分析，以及书后的走势图）

1912年	3月5日……81.69点	10月16日……77.09点
9月30日……94.15点	3月20日……78.25点	10月21日……79.60点
10月4日……93.70点	4月4日……83.19点	10月23日……78.40点
10月8日……94.12点	4月19日……81.00点	10月27日……79.38点
10月14日……92.40点	4月22日……81.46点	11月10日……75.94点
10月16日……93.70点	4月29日……78.39点	11月18日……77.25点
11月4日……90.29点	5月5日……79.95点	12月1日……75.77点
11月7日……91.67点	5月15日……78.51点	12月4日……77.01点
11月11日……89.58点	6月11日……72.11点	12月15日……75.27点
11月14日……90.40点	6月18日……75.85点	12月26日……78.85点
11月18日……89.97点	6月21日……74.03点	12月30日……78.26点
11月21日……91.40点	7月28日……79.06点	1914年
12月11日……85.25点	8月1日……78.21点	1月26日……82.88点
1913年	8月13日……80.93点	1月29日……81.72点
1月9日……88.57点	8月15日……79.50点	2月2日……83.19点
1月14日……84.96点	8月29日……81.81点	2月11日……82.50点
1月18日……85.75点	9月4日……80.27点	2月14日……83.09点
1月20日……81.55点	9月13日……83.43点	2月25日……81.31点
1月30日……83.80点	9月17日……82.38点	2月28日……82.26点
2月18日……79.82点	9月22日……83.01点	3月6日……81.12点
2月20日……80.20点	9月30日……80.37点	3月20日……83.43点
2月25日……78.72点	10月2日……81.43点	3月30日……81.64点

4月2日 ······ 82.47点　　8月18日 ······ 81.86点　　3月25日 ······ 93.23点

4月25日 ······ 76.97点　　8月21日 ······ 76.76点　　4月6日 ······ 94.46点

5月1日 ······ 80.11点　　8月28日 ······ 81.95点　　4月22日 ······ 84.96点

5月8日 ······ 79.16点　　9月3日 ······ 80.70点　　5月1日 ······ 90.30点

5月19日 ······ 81.66点　　10月2日 ······ 91.98点　　5月4日 ······ 87.71点

5月22日 ······ 80.85点　　10月6日 ······ 88.23点　　5月15日 ······ 92.43点

6月10日 ······ 81.84点　　10月22日 ······ 96.46点　　5月17日 ······ 91.51点

6月25日 ······ 79.30点　　10月28日 ······ 93.34点　　5月25日 ······ 92.62点

7月8日 ······ 81.79点　　11月4日 ······ 96.06点　　6月2日 ······ 91.22点

7月30日 ······ 71.42点　　11月9日 ······ 91.08点　　6月12日 ······ 93.61点

12月12日 ······ 54.72点　　11月16日 ······ 96.33点　　6月26日 ······ 87.68点

12月14日 ······ 56.76点　　11月20日 ······ 95.02点　　7月5日 ······ 90.53点

12月24日 ······ 53.17点　　11月29日 ······ 97.56点　　7月13日 ······ 86.42点

1915年　　12月2日 ······ 94.78点　　7月22日 ······ 89.75点

1月23日 ······ 58.52点　　12月8日 ······ 98.45点　　7月27日 ······ 88.00点

2月1日 ······ 55.59点　　12月13日 ······ 95.96点　　8月1日 ······ 89.05点

2月11日 ······ 57.83点　　12月27日 ······ 99.21点　　8月8日 ······ 88.15点

2月24日 ······ 54.22点　　**1916年**　　8月22日 ······ 93.83点

3月8日 ······ 56.98点　　1月11日 ······ 94.07点　　9月1日 ······ 91.19点

3月13日 ······ 56.35点　　1月17日 ······ 96.63点　　11月9日 ······ 107.68点

4月30日 ······ 71.78点　　1月20日 ······ 93.60点　　11月13日 ······ 105.63点

5月10日 ······ 62.06点　　1月25日 ······ 94.24点　　11月21日 ······ 110.15点

5月12日 ······ 64.46点　　1月31日 ······ 90.58点　　11月23日 ······ 107.48点

5月14日 ······ 60.38点　　2月11日 ······ 96.15点　　11月25日 ······ 109.95点

5月22日 ······ 65.50点　　2月17日 ······ 94.11点　　11月29日 ······ 105.97点

5月26日 ······ 64.42点　　2月19日 ······ 94.77点　　12月6日 ······ 106.76点

6月22日 ······ 71.90点　　3月2日 ······ 90.52点　　12月21日 ······ 90.16点

7月9日 ······ 67.88点　　3月16日 ······ 96.08点

1917年

1月2日 …… 99.18点

1月13日 …… 95.13点

1月20日 …… 97.97点

1月23日 …… 96.26点

1月26日 …… 97.36点

2月2日 …… 87.01点

2月6日 …… 92.81点

2月9日 …… 90.20点

2月13日 …… 92.37点

2月15日 …… 91.65点

2月20日 …… 94.91点

3月1日 …… 91.10点

3月20日 …… 98.20点

4月10日 …… 91.20点

4月14日 …… 93.76点

4月24日 …… 90.66点

5月1日 …… 93.42点

5月9日 …… 89.08点

6月9日 …… 99.08点

6月20日 …… 94.78点

6月25日 …… 97.57点

7月19日 …… 90.48点

7月21日 …… 92.61点

7月25日 …… 91.24点

8月6日 …… 93.85点

9月4日 …… 81.20点

9月10日 …… 83.88点

9月17日 …… 81.55点

9月25日 …… 86.02点

10月15日 …… 75.13点

10月20日 …… 79.80点

11月8日 …… 68.58点

11月12日 …… 70.65点

11月15日 …… 69.10点

11月26日 …… 74.03点

12月19日 …… 65.95点

1918年

1月2日 …… 76.68点

1月8日 …… 74.63点

1月10日 …… 76.33点

1月15日 …… 73.38点

1月31日 …… 79.80点

2月7日 …… 77.78点

2月19日 …… 82.08点

2月25日 …… 79.17点

2月27日 …… 80.50点

3月2日 …… 78.98点

3月11日 …… 79.78点

3月23日 …… 76.24点

4月6日 …… 77.95点

4月11日 …… 75.58点

4月20日 …… 79.73点

4月30日 …… 77.51点

5月15日 …… 84.04点

6月1日 …… 77.93点

6月26日 …… 83.02点

7月1日 …… 81.81点

7月6日 …… 83.20点

7月15日 …… 80.58点

7月18日 …… 82.92点

7月23日 …… 80.51点

7月26日 …… 81.51点

8月1日 …… 80.71点

8月10日 …… 82.04点

8月17日 …… 81.51点

9月3日 …… 83.84点

9月13日 …… 80.29点

10月4日 …… 85.31点

10月9日 …… 83.36点

10月18日 …… 89.07点

10月30日 …… 84.08点

11月9日 …… 88.06点

11月25日 …… 79.87点

12月10日 …… 84.50点

12月26日 …… 80.44点

1919年

1月3日 …… 83.35点

1月11日 …… 81.66点

1月15日 …… 82.40点

1月21日 …… 79.88点

1月24日 …… 81.75点

2月8日 …… 79.15点

3月21日 …… 89.05点

3月26日 ····· 86.83点	12月12日 ···· 103.73点	8月24日 ····· 87.29点
4月9日 ···· 91.01点	12月17日 ···· 107.26点	8月31日 ····· 86.16点
4月12日 ····· 89.61点	12月22日 ···· 103.55点	9月9日 ····· 88.33点
5月14日 ···· 100.37点	1920年	9月13日 ····· 86.96点
5月19日 ···· 99.16点	1月3日 ···· 109.88点	9月17日 ····· 89.95点
6月5日 ···· 107.55点	1月16日 ···· 101.94点	9月30日 ····· 82.95点
6月16日 ···· 99.56点	1月20日 ···· 103.48点	10月6日 ····· 85.60点
6月21日 ···· 106.45点	1月23日 ···· 101.90点	10月11日 ····· 84.00点
6月24日 ···· 104.58点	1月30日 ···· 104.21点	10月25日 ····· 85.73点
7月14日 ···· 112.23点	2月11日 ····· 90.66点	10月28日 ····· 84.61点
7月21日 ···· 107.24点	2月21日 ····· 95.63点	11月1日 ····· 85.48点
7月26日 ····111.10点	2月25日 ····· 89.98点	11月19日 ····· 73.12点
8月7日 ···· 100.80点	3月22日 ···· 104.17点	11月23日 ····· 77.20点
8月12日 ···· 105.10点	3月24日 ···· 100.33点	11月27日 ····· 75.46点
8月20日 ····· 98.46点	4月8日 ···· 105.65点	12月4日 ····· 77.63点
9月3日 ···· 108.55点	4月23日 ····· 95.46点	12月21日 ····· 66.75点
9月8日 ···· 106.51点	4月26日 ····· 97.20点	1921年
9月16日 ···· 108.81点	4月29日 ····· 93.16点	1月11日 ····· 76.14点
9月20日 ···· 104.99点	5月8日 ···· 94.75点	1月13日 ····· 74.43点
9月30日 ····111.42点	5月19日 ····· 87.36点	1月19日 ····· 76.76点
10月3日 ···· 108.90点	6月12日 ···· 93.20点	1月21日 ····· 74.65点
11月3日 ···· 119.62点	6月30日 ···· 90.76点	1月29日 ····· 76.34点
11月12日 ···· 107.15点	7月8日 ····· 94.51点	2月3日 ····· 74.34点
11月13日 ···· 110.69点	7月16日 ····· 89.95点	2月16日 ····· 77.14点
11月19日 ···· 106.15点	7月22日 ····· 90.74点	2月24日 ····· 74.66点
11月25日 ···· 109.02点	8月10日 ····· 83.20点	3月5日 ····· 75.25点
11月29日 ···· 103.60点	8月13日 ····· 85.89点	3月11日 ····· 72.25点
12月4日 ···· 107.97点	8月17日 ····· 83.90点	3月23日 ····77.78点

4月4日 …… 75.16点	2月27日 …… 84.58点	1月13日 …… 99.09点
4月6日 …… 76.58点	3月18日 …… 88.47点	1月16日 …… 96.96点
4月8日 …… 75.61点	3月27日 …… 86.60点	2月21日 …… 103.59点
5月5日 …… 80.03点	4月22日 …… 93.46点	2月26日 …… 102.40点
6月20日 …… 64.90点	4月27日 …… 91.10点	3月7日 …… 105.23点
7月6日 …… 69.86点	5月3日 …… 93.81点	3月10日 …… 103.82点
7月15日 …… 67.25点	5月11日 …… 91.50点	3月20日 …… 105.38点
7月25日 …… 69.80点	5月29日 …… 96.41点	4月4日 …… 101.40点
8月16日 …… 65.27点	6月12日 …… 90.73点	4月7日 …… 102.56点
8月24日 …… 63.90点	6月20日 …… 93.51点	4月11日 …… 101.08点
9月10日 …… 71.92点	6月29日 …… 92.06点	4月19日 …… 102.58点
9月20日 …… 69.43点	7月20日 …… 96.76点	4月23日 …… 100.73点
10月1日 …… 71.68点	7月24日 …… 94.64点	4月26日 …… 101.37点
10月6日 …… 70.42点	8月22日 … 100.75点	5月7日 …… 95.41点
10月11日 …… 71.06点	8月28日 …… 99.21点	5月9日 …… 98.19点
10月17日 …… 69.46点	9月11日 … 102.05点	5月21日 …… 92.77点
11月16日 …… 77.13点	9月21日 …… 98.37点	5月29日 …… 97.66点
11月22日 …… 76.21点	9月23日 …… 99.10点	6月1日 …… 95.36点
12月15日 …… 81.50点	9月30日 …… 96.30点	6月6日 …… 97.24点
12月22日 …… 78.76点	10月14日 … 103.43点	6月20日 …… 90.81点
12月31日 …… 81.10点	10月31日 …… 96.11点	6月23日 …… 93.30点
1922年	11月8日 …… 99.53点	6月30日 …… 87.85点
1月5日 …… 78.68点	11月14日 …… 93.61点	7月7日 …… 89.41点
1月20日 …… 82.95点	11月20日 …… 95.82点	7月12日 …… 87.64点
1月31日 …… 81.30点	11月27日 …… 92.03点	7月20日 …… 91.72点
2月6日 …… 83.70点	1923年	7月31日 …… 86.91点
2月8日 …… 82.74点	1月3日 …… 99.42点	8月18日 …… 92.32点
2月21日 …… 85.81点	1月9日 …… 97.23点	8月25日 …… 91.59点

8月29日 …… 93.70点	5月29日 …… 89.90点	3月6日 …… 125.68点
9月4日 …… 92.25点	6月3日 …… 91.23点	3月10日 …… 122.62点
9月11日 …… 93.61点	6月7日 …… 89.52点	3月12日 …… 124.60点
9月25日 …… 87.94点	6月16日 …… 93.80点	3月18日 …… 118.25点
10月3日 …… 90.45点	6月23日 …… 92.65点	3月20日 …… 120.91点
10月16日 …… 86.91点	7月12日 …… 97.60点	3月30日 …… 115.00点
10月20日 …… 87.83点	7月17日 …… 96.85点	4月18日 …… 122.02点
10月27日 …… 85.76点	8月4日 …… 103.28点	4月27日 …… 119.46点
11月10日 …… 91.39点	8月12日 …… 101.58点	5月7日 …… 125.16点
11月17日 …… 89.65点	8月20日 …… 105.57点	5月13日 …… 124.21点
11月26日 …… 92.88点	8月28日 …… 102.67点	6月2日 …… 130.42点
11月30日 …… 92.34点	8月30日 …… 105.16点	6月10日 …… 126.75点
12月17日 …… 95.26点	9月6日 …… 100.76点	6月17日 …… 129.80点
12月22日 …… 93.63点	9月24日 …… 104.68点	6月23日 …… 127.17点
1924年	9月29日 …… 102.96点	7月8日 …… 133.07点
1月11日 …… 97.46点	10月1日 …… 104.08点	7月11日 …… 131.43点
1月14日 …… 95.68点	10月14日 …… 99.18点	7月27日 …… 136.50点
2月6日 …… 101.31点	11月18日 …… 110.73点	7月31日 …… 133.81点
2月18日 …… 96.33点	11月22日 …… 109.55点	8月25日 …… 143.18点
3月14日 …… 98.86点	1925年	9月2日 …… 137.22点
3月29日 …… 92.28点	1月13日 …… 123.56点	9月19日 …… 147.73点
4月4日 …… 94.69点	1月16日 …… 121.71点	9月30日 …… 143.46点
4月14日 …… 89.91点	1月22日 …… 123.60点	11月6日 …… 159.39点
4月17日 …… 91.34点	1月26日 …… 121.90点	11月10日 …… 151.60点
4月21日 …… 89.18点	1月31日 …… 123.22点	11月13日 …… 157.76点
5月7日 …… 92.47点	2月3日 …… 120.08点	11月24日 …… 148.18点
5月14日 …… 88.77点	2月9日 …… 122.37点	12月5日 …… 154.63点
5月24日 …… 90.66点	2月16日 …… 117.96点	12月9日 …… 152.57点

12月14日 ···· 154.70点

12月21日 ···· 152.35点

12月24日 ···· 157.01点

12月30日 ···· 155.81点

1926年

1月9日 ···· 159.10点

1月19日 ···· 153.81点

2月4日 ···· 160.53点

2月8日 ···· 159.10点

2月11日 ···· 162.31点

2月15日 ···· 158.30点

2月18日 ···· 161.09点

3月3日 ···· 144.44点

3月10日 ···· 153.13点

3月30日 ···· 135.20点

4月6日 ···· 142.43点

4月16日 ···· 136.27点

4月24日 ···· 144.83点

5月3日 ···· 140.53点

5月6日 ···· 142.13点

5月19日 ···· 137.16点

6月21日 ···· 154.03点

6月26日 ···· 150.68点

7月17日 ···· 158.81点

7月24日 ···· 154.59点

8月14日 ···· 166.64点

8月25日 ···· 160.41点

9月7日 ···· 166.10点

9月20日 ···· 156.26点

9月25日 ···· 159.27点

9月29日 ···· 157.71点

10月1日 ···· 159.69点

10月11日 ···· 149.35点

10月14日 ···· 152.10点

10月19日 ···· 145.66点

10月27日 ···· 151.87点

10月30日 ···· 150.38点

11月16日 ···· 156.53点

11月19日 ···· 152.86点

12月18日 ···· 161.86点

1927年

1月3日 ···· 155.16点

1月10日 ···· 156.56点

1月17日 ···· 153.91点

1月21日 ···· 155.51点

1月25日 ···· 152.73点

2月1日 ···· 156.26点

2月7日 ···· 154.31点

2月28日 ···· 161.96点

3月7日 ···· 158.62点

3月17日 ···· 161.78点

3月22日 ···· 158.41点

4月22日 ···· 167.36点

4月28日 ···· 163.53点

5月21日 ···· 172.06点

5月24日 ···· 171.06点

5月28日 ···· 172.56点

6月3日 ···· 169.65点

6月6日 ···· 171.13点

6月14日 ···· 167.63点

6月16日 ···· 170.15点

6月27日 ···· 165.73点

8月2日 ···· 185.55点

8月12日 ···· 177.13点

9月7日 ···· 197.75点

9月12日 ···· 194.00点

9月15日 ···· 198.97点

9月28日 ···· 194.11点

10月3日 ···· 199.78点

10月10日 ···· 189.03点

10月13日 ···· 190.45点

10月22日 ···· 179.78点

10月25日 ···· 185.31点

10月29日 ···· 180.32点

11月23日 ···· 197.10点

11月28日 ···· 194.80点

12月3日 ···· 197.34点

12月8日 ···· 193.58点

12月20日 ···· 200.93点

12月28日 ···· 198.60点

1928年

1月3日 ···· 203.35点

1月10日 ···· 197.52点

1月13日 ···· 199.51点

1月18日···· 194.50点	10月9日···· 236.79点	5月13日···· 313.56点
1月24日···· 201.01点	10月19日···· 259.19点	5月17日···· 325.64点
2月3日···· 196.30点	10月22日···· 250.08点	5月31日···· 290.02点
2月9日···· 199.35点	10月24日···· 260.39点	6月7日···· 312.00点
2月20日···· 191.33点	10月31日···· 248.76点	6月11日···· 301.22点
3月30日···· 214.45点	11月28日···· 299.35点	7月8日···· 350.09点
4月10日···· 209.23点	12月3日···· 283.89点	7月11日···· 340.12点
4月13日···· 216.93点	12月4日···· 295.61点	7月12日···· 350.26点
4月23日···· 207.94点	12月10日···· 254.36点	7月16日···· 339.98点
5月14日···· 220.88点	12月31日···· 301.61点	7月19日···· 349.19点
5月22日···· 211.73点	1929年	7月22日···· 339.32点
6月2日···· 220.96点	1月3日···· 311.46点	7月24日···· 350.30点
6月12日···· 202.65点	1月8日···· 292.89点	7月29日···· 336.36点
6月14日···· 210.76点	1月25日···· 319.36点	8月5日···· 358.66点
6月18日···· 201.96点	1月30日···· 308.47点	8月9日···· 336.13点
7月5日···· 214.43点	2月1日···· 324.16点	9月3日···· 386.10点
7月11日···· 206.43点	2月8日···· 298.03点	9月13日···· 359.70点
7月14日···· 207.77点	2月13日···· 316.06点	9月19日···· 375.20点
7月16日···· 205.10点	2月18日···· 293.40点	10月4日···· 320.45点
8月7日···· 218.06点	3月1日···· 324.40点	10月11日···· 358.77点
8月14日···· 214.08点	3月6日···· 302.93点	10月21日···· 314.55点
8月31日···· 240.41点	3月15日···· 322.75点	10月23日···· 329.94点
9月10日···· 238.82点	3月26日···· 281.51点	10月24日···· 272.32点
9月12日···· 241.48点	4月5日···· 307.97点	10月25日···· 306.02点
9月27日···· 236.86点	4月10日···· 295.71点	10月29日···· 212.33点
10月1日···· 242.46点	4月23日···· 320.10点	10月31日···· 281.54点
10月3日···· 233.60点	4月26日···· 311.00点	11月7日···· 217.84点
10月5日···· 243.08点	5月6日···· 331.01点	11月8日···· 245.28点

11月13日 ···· 195.35点　　6月2日 ···· 276.86点　　11月25日 ···· 191.28点

11月22日 ···· 250.75点　　6月12日 ···· 241.00点　　11月28日 ···· 178.88点

11月27日 ···· 233.59点　　6月13日 ···· 251.63点　　12月2日 ···· 187.96点

12月9日 ···· 267.56点　　6月18日 ···· 212.27点　　12月17日 ···· 154.45点

12月13日 ···· 239.58点　　6月20日 ···· 232.69点　　12月20日 ···· 170.91点

12月14日 ···· 254.41点　　6月25日 ···· 207.74点　　12月29日 ···· 158.41点

12月20日 ···· 227.20点　　7月1日 ···· 229.53点　　1931年

12月27日 ···· 246.35点　　7月8日 ···· 214.64点　　1月8日 ···· 175.62点

12月30日 ···· 235.95点　　7月18日 ···· 242.01点　　1月19日 ···· 160.09点

1930年　　　　　　　　7月21日 ···· 228.71点　　1月23日 ···· 172.97点

1月2日 ···· 252.29点　　7月28日 ···· 243.65点　　1月29日 ···· 164.81点

1月7日 ···· 243.80点　　7月31日 ···· 229.09点　　2月11日 ···· 185.89点

1月16日 ···· 253.49点　　8月5日 ···· 240.95点　　2月14日 ···· 178.20点

1月18日 ···· 243.37点　　8月9日 ···· 218.82点　　2月24日 ···· 196.96点

2月5日 ···· 274.01点　　9月2日 ···· 242.77点　　3月6日 ···· 178.46点

2月10日 ···· 266.37点　　9月4日 ···· 234.35点　　3月10日 ···· 188.10点

2月13日 ···· 275.00点　　9月10日 ···· 247.21点　　3月13日 ···· 175.89点

2月25日 ···· 259.78点　　9月30日 ···· 201.95点　　3月20日 ···· 189.31点

3月10日 ···· 279.40点　　10月3日 ···· 216.89点　　4月2日 ···· 168.30点

3月17日 ···· 268.94点　　10月10日 ···· 186.70点　　4月6日 ···· 174.69点

4月11日 ···· 296.35点　　10月15日 ···· 201.64点　　4月17日 ···· 158.50点

4月15日 ···· 189.34点　　10月18日 ···· 183.65点　　4月20日 ···· 164.42点

4月16日 ···· 297.25点　　10月21日 ···· 193.95点　　4月29日 ···· 141.78点

4月29日 ···· 272.24点　　10月22日 ···· 181.53点　　5月1日 ···· 153.82点

4月30日 ···· 283.51点　　10月28日 ···· 198.59点　　5月6日 ···· 145.65点

5月5日 ···· 249.82点　　11月10日 ···· 168.32点　　5月9日 ···· 156.17点

5月14日 ···· 277.22点　　11月15日 ···· 187.59点　　6月2日 ···· 119.89点

5月20日 ···· 260.76点　　11月18日 ···· 177.63点　　6月27日 ···· 157.93点

7月1日 ···· 147.44点	1月14日 ······ 87.78点	9月22日 ······ 76.01点
7月3日 ···· 156.74点	1月23日 ······ 77.09点	10月10日 ···· 57.67点
7月15日 ···· 134.39点	1月26日 ······ 80.79点	10月20日 ···· 66.13点
7月21日 ···· 147.69点	1月29日 ······ 74.19点	10月26日 ···· 59.03点
7月25日 ···· 137.69点	2月2日 ······ 80.74点	10月29日 ···· 63.67点
7月28日 ···· 142.12点	2月10日 ···· 70.64点	11月3日 ······ 57.21点
7月31日 ···· 133.70点	2月19日 ······ 89.84点	11月12日 ···· 68.87点
8月3日 ···· 139.35点	2月24日 ······ 79.57点	11月17日 ···· 62.18点
8月6日 ···· 132.55点	3月9日 ······ 89.87点	11月21日 ···· 64.68点
8月15日 ···· 146.51点	4月8日 ······ 61.98点	12月3日 ······ 55.04点
8月24日 ···· 135.62点	4月9日 ······ 66.81点	12月15日 ···· 62.89点
8月29日 ···· 142.58点	5月4日 ······ 52.33点	12月23日 ···· 56.07点
9月21日 ···· 104.79点	5月7日 ······ 60.01点	12月30日 ···· 60.84点
9月23日 ···· 117.75点	5月16日 ······ 50.21点	1933年
10月5日 ······ 85.51点	5月20日 ······ 55.50点	1月3日 ······ 58.87点
10月9日 ···· 108.96点	6月2日 ······ 43.49点	1月11日 ······ 65.28点
10月14日 ···· 96.01点	6月6日 ······ 51.21点	1月18日 ······ 60.07点
10月21日 ···· 109.69点	6月9日 ······ 44.45点	1月26日 ······ 62.69点
10月29日 ······ 98.19点	6月16日 ······ 51.43点	2月6日 ······ 56.65点
11月9日 ···· 119.15点	7月8日 ······ 40.56点	2月9日 ······ 60.85点
12月4日 ······ 85.75点	7月16日 ······ 45.98点	2月27日 ······ 49.68点
12月7日 ······ 92.60点	7月19日 ······ 43.53点	3月16日 ······ 64.56点
12月17日 ······ 71.79点	8月8日 ······ 71.49点	3月31日 ······ 54.90点
12月19日 ······ 83.09点	8月13日 ······ 60.89点	4月20日 ······ 75.20点
12月28日 ······ 72.41点	8月17日 ······ 70.50点	4月21日 ······ 68.64点
12月31日 ······ 79.92点	8月20日 ······ 65.99点	4月24日 ······ 74.84点
1932年	9月8日 ······ 81.39点	4月28日 ······ 69.78点
1月5日 ······ 69.85点	9月15日 ······ 64.27点	5月11日 ······ 83.61点

5月15日 …… 79.06点	12月20日 …… 93.70点	8月25日 …… 96.00点
5月18日 …… 84.13点	1934年	9月17日 …… 85.72点
5月22日 …… 78.61点	1月2日 …… 101.94点	9月27日 …… 94.02点
6月13日 …… 97.92点	1月8日 …… 96.26点	10月4日 …… 89.84点
6月17日 …… 89.10点	2月5日 …… 111.93点	10月17日 …… 96.36点
6月20日 …… 98.34点	2月10日 …… 103.08点	10月26日 …… 92.20点
6月23日 …… 91.69点	2月16日 …… 109.96点	11月26日 …… 103.51点
7月7日 …… 107.51点	3月1日 …… 101.93点	11月30日 …… 101.49点
7月12日 …… 101.87点	3月3日 …… 106.37点	12月6日 …… 104.23点
7月18日 …… 110.53点	3月8日 …… 100.78点	12月20日 …… 98.93点
7月21日 …… 84.45点	3月13日 …… 104.89点	1935年
7月27日 …… 97.28点	3月21日 …… 98.45点	1月7日 …… 106.71点
7月31日 …… 87.75点	3月26日 …… 102.67点	1月15日 …… 99.54点
8月10日 …… 100.14点	3月27日 …… 97.41点	1月21日 …… 103.93点
8月16日 …… 92.95点	4月20日 …… 107.00点	1月29日 …… 100.24点
8月25日 …… 105.60点	5月14日 …… 89.10点	2月2日 …… 102.56点
9月6日 …… 97.74点	5月18日 …… 96.57点	2月6日 …… 99.95点
9月18日 …… 107.68点	5月23日 …… 92.23点	2月18日 …… 108.29点
9月22日 …… 95.73点	5月28日 …… 96.33点	2月27日 …… 101.27点
9月26日 …… 100.23点	6月2日 …… 90.85点	3月2日 …… 103.67点
10月3日 …… 91.93点	6月19日 …… 101.11点	3月18日 …… 95.95点
10月9日 …… 100.58点	7月3日 …… 94.25点	3月22日 …… 100.88点
10月21日 …… 82.20点	7月11日 …… 99.35点	3月26日 …… 98.61点
10月25日 …… 95.23点	7月26日 …… 84.58点	4月25日 …… 111.52点
10月31日 …… 86.50点	8月2日 …… 91.12点	5月2日 …… 107.82点
11月21日 …… 101.94点	8月6日 …… 86.32点	5月16日 …… 117.30点
11月28日 …… 95.31点	8月13日 …… 92.56点	5月18日 …… 114.13点
12月11日 …… 103.97点	8月20日 …… 90.08点	5月28日 …… 117.62点

6月1日 ···· 108.64点	3月6日 ···· 159.87点	11月30日 ···· 184.01点
6月24日 ···· 121.30点	3月13日 ···· 149.65点	12月2日 ···· 179.66点
6月27日 ···· 116.91点	3月26日 ···· 159.53点	12月15日 ···· 183.30点
7月9日 ···· 123.34点	3月28日 ···· 154.66点	12月21日 ···· 175.31点
7月16日 ···· 121.00点	4月6日 ···· 163.07点	12月31日 ···· 181.77点
7月31日 ···· 127.04点	4月30日 ···· 141.53点	1937年
8月2日 ···· 124.28点	5月15日 ···· 152.43点	1月4日 ···· 176.96点
8月14日 ···· 128.94点	5月19日 ···· 147.21点	1月22日 ···· 187.80点
8月20日 ···· 124.97点	6月1日 ···· 154.02点	1月27日 ···· 182.15点
8月27日 ···· 129.97点	6月5日 ···· 148.52点	2月11日 ···· 191.39点
9月4日 ···· 126.43点	6月24日 ···· 161.15点	2月24日 ···· 185.15点
9月11日 ···· 135.05点	7月1日 ···· 156.82点	3月10日 ···· 195.59点
9月20日 ···· 127.97点	7月3日 ···· 159.13点	3月22日 ···· 179.28点
10月1日 ···· 133.19点	7月8日 ···· 154.85点	3月31日 ···· 187.99点
10月3日 ···· 126.95点	7月28日 ···· 168.23点	4月9日 ···· 175.86点
10月28日 ···· 142.08点	8月3日 ···· 164.61点	4月13日 ···· 183.43点
10月31日 ···· 138.40点	8月10日 ···· 170.15点	4月16日 ···· 179.70点
11月8日 ···· 145.40点	8月21日 ···· 160.52点	4月22日 ···· 184.33点
11月13日 ···· 141.60点	8月28日 ···· 168.02点	4月28日 ···· 168.77点
11月20日 ···· 149.42点	9月1日 ···· 165.24点	5月5日 ···· 176.81点
12月2日 ···· 140.38点	9月8日 ···· 170.02点	5月18日 ···· 166.20点
2月9日 ···· 145.07点	9月17日 ···· 164.82点	5月24日 ···· 176.25点
12月16日 ···· 138.91点	9月23日 ···· 170.72点	6月1日 ···· 170.72点
1936年	9月25日 ···· 165.91点	6月5日 ···· 175.66点
1月10日 ···· 148.02点	10月19日 ···· 178.44点	6月14日 ···· 163.73点
1月21日 ···· 142.77点	10月26日 ···· 172.16点	6月25日 ···· 170.98点
2月19日 ···· 155.69点	11月18日 ···· 186.39点	6月29日 ···· 166.11点
2月26日 ···· 149.08点	11月23日 ···· 177.91点	8月14日 ···· 190.38点

8月28日 ···· 175.33点　　3月15日 ···· 127.44点　　12月15日 ···· 153.16点

8月31日 ···· 179.10点　　3月31日 ····· 97.46点　　12月21日 ···· 149.06点

9月13日 ···· 154.94点　　4月18日 ···· 121.54点　　1939年

9月15日 ···· 165.16点　　4月20日 ···· 112.47点　　　1月5日 ···· 155.47点

9月24日 ···· 146.22点　　4月23日 ···· 119.21点　　1月13日 ···· 146.03点

9月30日 ···· 157.12点　　5月1日 ···· 109.40点　　1月19日 ···· 149.88点

10月6日 ···· 141.63点　　5月10日 ···· 120.28点　　1月26日 ···· 136.10点

10月7日 ···· 150.47点　　5月27日 ···· 106.44点　　2月6日 ···· 146.43点

10月19日 ···· 115.84点　　6月10日 ···· 116.08点　　2月10日 ···· 142.70点

10月21日 ···· 137.82点　　6月14日 ·····111.54点　　2月16日 ···· 146.12点

10月25日 ···· 124.56点　　7月7日 ···· 140.05点　　2月21日 ···· 142.05点

10月29日 ···· 141.22点　　7月12日 ···· 133.84点　　3月10日 ···· 152.71点

11月8日 ···· 121.60点　　7月25日 ···· 146.31点　　3月22日 ···· 138.42点

11月12日 ···· 135.70点　　7月28日 ···· 139.51点　　3月27日 ···· 143.14点

11月23日 ···· 112.54点　　8月6日 ···· 146.28点　　4月11日 ···· 120.04点

12月8日 ···· 131.15点　　8月12日 ···· 135.38点　　4月15日 ···· 130.19点

12月14日 ···· 121.85点　　8月24日 ···· 145.30点　　4月18日 ···· 124.81点

12月21日 ···· 130.76点　　8月29日 ···· 136.64点　　4月28日 ···· 131.42点

12月29日 ···· 117.71点　　9月7日 ···· 143.42点　　5月1日 ···· 127.53点

1938年　　　　　　　　9月14日 ···· 130.38点　　5月10日 ···· 134.66点

1月15日 ···· 134.95点　　9月21日 ···· 140.20点　　5月17日 ···· 128.35点

1月28日 ···· 118.94点　　9月28日 ···· 127.85点　　6月9日 ···· 140.75点

2月2日 ···· 125.00点　　10月24日 ···· 155.38点　　6月16日 ···· 133.79点

2月4日 ···· 117.13点　　10月29日 ···· 150.48点　　6月21日 ···· 138.04点

2月23日 ···· 132.86点　　11月10日 ···· 158.90点　　6月30日 ···· 128.97点

2月28日 ···· 128.63点　　11月28日 ···· 145.21点　　7月25日 ···· 145.72点

3月1日 ···· 131.03点　　12月1日 ···· 150.20点　　8月11日 ···· 136.38点

3月12日 ···· 121.77点　　12月5日 ···· 146.44点　　8月15日 ···· 142.35点

8月24日 ···· 128.60点	4月19日 ···· 145.86点	10月28日 ···· 130.96点
8月30日 ···· 138.07点	4月24日 ···· 149.45点	11月8日 ···· 138.77点
9月1日 ···· 127.51点	5月3日 ···· 146.42点	11月28日 ···· 129.13点
9月13日 ···· 157.77点	5月8日 ···· 148.70点	12月2日 ···· 131.96点
9月18日 ···· 147.35点	5月21日 ···· 110.61点	12月5日 ···· 129.54点
9月20日 ···· 154.96点	5月23日 ···· 117.84点	12月13日 ···· 133.00点
10月4日 ···· 148.73点	5月28日 ···· 110.51点	12月23日 ···· 127.83点
10月18日 ···· 155.28点	6月3日 ···· 116.44点	1941年
10月20日 ···· 152.55点	6月10日 ···· 110.41点	1月10日 ···· 134.27点
10月26日 ···· 155.95点	6月18日 ···· 125.31点	2月4日 ···· 122.29点
11月10日 ···· 147.74点	6月26日 ···· 118.67点	2月10日 ···· 125.13点
11月20日 ···· 152.58点	6月28日 ···· 124.42点	2月19日 ···· 117.43点
11月30日 ···· 144.85点	7月3日 ···· 120.14点	2月26日 ···· 122.90点
12月7日 ···· 149.57点	7月17日 ···· 123.91点	3月5日 ···· 119.98点
12月12日 ···· 146.43点	7月25日 ···· 121.19点	3月19日 ···· 124.35点
12月15日 ···· 150.11点	7月31日 ···· 127.18点	3月24日 ···· 121.82点
12月19日 ···· 148.35点	8月7日 ···· 124.61点	4月4日 ···· 125.28点
12月27日 ···· 147.66点	8月12日 ···· 127.55点	4月23日 ···· 115.33点
1940年	8月16日 ···· 120.90点	4月29日 ···· 117.48点
1月3日 ···· 153.29点	8月22日 ···· 126.97点	5月1日 ···· 114.78点
1月15日 ···· 143.06点	8月27日 ···· 124.95点	5月13日 ···· 117.93点
1月25日 ···· 147.29点	9月5日 ···· 134.54点	5月16日 ···· 115.36点
2月5日 ···· 144.69点	9月13日 ···· 127.22点	5月21日 ···· 118.45点
2月9日 ···· 150.04点	9月24日 ···· 135.48点	5月26日 ···· 115.33点
2月26日 ···· 145.81点	9月27日 ···· 131.38点	6月23日 ···· 125.14点
3月12日 ···· 149.45点	10月3日 ···· 135.86点	7月1日 ···· 122.54点
3月18日 ···· 145.08点	10月15日 ···· 129.47点	7月9日 ···· 128.77点
4月8日 ···· 152.09点	10月23日 ···· 132.79点	7月17日 ···· 126.75点

7月22日 ···· 131.10点	2月20日 ···· 104.78点	10月16日 ···· 112.71点
7月25日 ···· 127.74点	3月3日 ···· 107.16点	10月21日 ···· 116.01点
7月28日 ···· 130.37点	3月12日 ···· 98.32点	10月28日 ···· 112.57点
8月15日 ···· 124.66点	3月18日 ···· 102.73点	11月9日 ···· 118.18点
9月2日 ···· 128.62点	3月31日 ···· 99.25点	11月18日 ···· 114.12点
9月11日 ···· 126.31点	4月7日 ···· 102.75点	11月21日 ···· 115.65点
9月18日 ···· 130.00点	4月17日 ···· 95.80点	11月25日 ···· 113.55点
9月25日 ···· 125.33点	4月21日 ···· 98.02点	12月18日 ···· 119.76点
9月30日 ···· 127.31点	4月28日 ···· 92.69点	12月22日 ···· 118.09点
10月17日 ···· 117.88点	5月11日 ···· 99.49点	12月28日 ···· 119.96点
10月24日 ···· 121.69点	5月14日 ···· 96.39点	12月29日 ···· 117.30点
10月31日 ···· 117.40点	5月21日 ···· 100.21点	1943年
11月5日 ···· 120.34点	5月25日 ···· 98.68点	1月4日 ···· 120.82点
11月13日 ···· 114.91点	6月9日 ···· 106.34点	1月7日 ···· 118.84点
11月24日 ···· 118.19点	6月12日 ···· 103.27点	2月2日 ···· 126.38点
12月1日 ···· 113.06点	6月18日 ···· 106.63点	2月4日 ···· 124.69点
12月4日 ···· 117.54点	6月25日 ···· 101.94点	2月15日 ···· 129.15点
12月10日 ···· 106.87点	7月9日 ···· 109.26点	2月19日 ···· 125.82点
12月16日 ···· 112.30点	7月14日 ···· 107.40点	3月4日 ···· 131.20点
12月24日 ···· 105.52点	7月16日 ···· 109.21点	3月10日 ···· 128.49点
1942年	7月24日 ···· 105.84点	3月12日 ···· 131.39点
1月6日 ···· 114.96点	7月27日 ···· 106.97点	3月22日 ···· 128.67点
1月12日 ···· 110.10点	8月7日 ···· 104.50点	4月6日 ···· 137.45点
1月14日 ···· 113.29点	8月19日 ···· 107.88点	4月13日 ···· 129.79点
1月22日 ···· 108.30点	8月26日 ···· 105.37点	5月10日 ···· 139.30点
1月27日 ···· 111.20点	9月8日 ···· 107.88点	5月14日 ···· 136.13点
2月11日 ···· 106.00点	9月11日 ···· 105.58点	5月20日 ···· 140.09点
2月16日 ···· 107.96点	10月13日 ···· 115.80点	5月25日 ···· 138.06点

6月5日 ···· 143.19点	3月29日 ···· 136.98点	2月21日 ···· 160.17点
6月15日 ···· 138.51点	4月10日 ···· 139.45点	2月26日 ···· 157.45点
7月15日 ···· 146.41点	4月25日 ···· 134.75点	3月6日 ···· 162.22点
8月2日 ···· 133.87点	5月12日 ···· 139.38点	3月9日 ···· 155.96点
8月19日 ···· 138.83点	5月16日 ···· 138.23点	3月16日 ···· 159.42点
8月23日 ···· 134.40点	6月20日 ···· 149.15点	3月26日 ···· 151.74点
9月10日 ···· 138.26点	6月24日 ···· 147.12点	5月8日 ···· 167.25点
9月14日 ···· 137.24点	7月10日 ···· 150.88点	5月11日 ···· 162.60点
9月20日 ···· 142.50点	7月24日 ···· 145.26点	5月31日 ···· 169.41点
10月7日 ···· 136.01点	8月2日 ···· 147.07点	6月12日 ···· 165.89点
10月20日 ···· 139.21点	8月9日 ···· 144.48点	6月26日 ···· 169.55点
10月25日 ···· 137.88点	8月18日 ···· 149.28点	7月6日 ···· 163.47点
10月28日 ···· 139.74点	8月25日 ···· 146.42点	7月10日 ···· 167.79点
11月9日 ···· 130.84点	8月30日 ···· 147.69点	7月27日 ···· 159.95点
11月12日 ···· 133.07点	9月7日 ···· 142.53点	8月10日 ···· 166.54点
11月17日 ···· 129.86点	9月26日 ···· 147.08点	8月21日 ···· 162.28点
11月20日 ···· 133.15点	9月28日 ···· 145.67点	9月13日 ···· 179.33点
11月30日 ···· 128.94点	10月6日 ···· 149.20点	9月17日 ···· 173.30点
1944年	10月10日 ···· 147.67点	10月18日 ···· 187.55点
1月11日 ···· 138.89点	10月18日 ···· 149.18点	10月30日 ···· 182.98点
1月13日 ···· 136.99点	10月27日 ···· 145.33点	11月8日 ···· 192.78点
1月17日 ···· 138.60点	11月10日 ···· 148.39点	11月14日 ···· 182.82点
1月28日 ···· 136.65点	11月16日 ···· 145.17点	11月17日 ···· 192.66点
2月1日 ···· 137.69点	12月16日 ···· 153.00点	11月24日 ···· 185.83点
2月7日 ···· 134.10点	12月27日 ···· 147.93点	12月10日 ···· 196.59点
2月17日 ···· 136.77点	1945年	12月20日 ···· 187.51点
2月21日 ···· 135.52点	1月11日 ···· 156.68点	1946年
3月16日 ···· 141.43点	1月24日 ···· 150.53点	1月17日 ···· 205.03点

1月21日 ···· 195.52点	9月19日 ···· 164.09点	6月23日 ···· 178.08点
2月4日 ···· 207.49点	9月26日 ···· 175.45点	6月25日 ···· 173.93点
2月13日 ···· 197.65点	10月10日 ···· 161.61点	7月14日 ···· 187.15点
2月16日 ···· 205.35点	10月16日 ···· 177.05点	7月18日 ···· 182.51点
2月26日 ···· 184.05点	10月30日 ···· 160.49点	7月25日 ···· 187.66点
3月9日 ···· 194.70点	11月6日 ···· 175.00点	7月30日 ···· 179.77点
3月13日 ···· 188.86点	11月22日 ···· 162.29点	8月1日 ···· 184.38点
3月26日 ···· 201.85点	11月30日 ···· 170.66点	8月11日 ···· 178.22点
3月29日 ···· 198.23点	12月3日 ···· 166.20点	8月15日 ···· 181.58点
4月10日 ···· 208.93点	12月10日 ···· 177.21点	8月26日 ···· 176.54点
4月15日 ···· 204.57点	12月13日 ···· 172.57点	9月2日 ···· 180.56点
4月18日 ···· 209.36点	12月23日 ···· 178.54点	9月9日 ···· 174.02点
4月25日 ···· 203.09点	12月27日 ···· 173.88点	9月17日 ···· 179.37点
4月30日 ···· 207.23点	1947年	9月26日 ···· 174.42点
5月6日 ···· 199.26点	1月7日 ···· 179.24点	10月20日 ···· 186.24点
5月29日 ···· 213.36点	1月16日 ···· 170.13点	10月24日 ···· 181.55点
6月12日 ···· 207.52点	2月10日 ···· 184.96点	10月29日 ···· 184.70点
6月17日 ···· 211.46点	2月26日 ···· 176.34点	11月6日 ···· 180.61点
6月21日 ···· 198.98点	3月6日 ···· 182.48点	11月10日 ···· 182.70点
7月1日 ···· 208.59点	3月15日 ···· 171.90点	11月17日 ···· 179.57点
7月16日 ···· 199.48点	3月24日 ···· 177.61点	11月21日 ···· 183.97点
7月18日 ···· 203.46点	3月26日 ···· 174.11点	12月6日 ···· 175.44点
7月24日 ···· 194.33点	3月28日 ···· 179.68点	12月22日 ···· 181.78点
8月14日 ···· 205.01点	4月15日 ···· 165.39点	12月29日 ···· 177.93点
9月4日 ···· 173.64点	4月23日 ···· 171.71点	1948年
9月6日 ···· 181.67点	4月29日 ···· 167.42点	1月5日 ···· 181.69点
9月10日 ···· 166.56点	5月5日 ···· 175.08点	1月14日 ···· 176.50点
9月16日 ···· 176.26点	5月19日 ···· 161.38点	1月17日 ···· 177.59点

1月26日 ···· 170.70点	8月11日 ···· 176.50点	1月24日 ···· 182.50点
2月2日 ···· 176.05点	9月7日 ···· 185.50点	1月27日 ···· 177.50点
2月11日 ···· 164.07点	9月21日 ···· 176.50点	2月3日 ···· 180.75点
2月17日 ···· 169.23点	9月24日 ···· 179.50点	2月11日 ···· 171.00点
2月20日 ···· 166.38点	9月27日 ···· 175.50点	2月16日 ···· 175.50点
3月3日 ···· 169.28点	10月26日 ···· 190.50点	2月25日 ···· 170.50点
3月17日 ···· 165.03点	10月29日 ···· 186.50点	3月14日 ···· 177.75点
4月23日 ···· 184.48点	11月1日 ···· 190.00点	3月23日 ···· 174.50点
4月29日 ···· 179.33点	11月10日 ···· 172.10点	3月30日 ···· 179.15点
5月15日 ···· 191.39点	11月19日 ···· 178.00点	4月7日 ···· 175.25点
5月19日 ···· 187.46点	11月30日 ···· 170.50点	4月18日 ···· 177.50点
6月14日 ···· 194.49点	12月13日 ···· 178.50点	4月22日 ···· 172.50点
6月28日 ···· 186.44点	12月17日 ···· 175.50点	5月5日 ···· 177.25点
7月12日 ···· 192.50点	12月30日 ···· 179.25点	5月10日 ···· 173.50点
7月19日 ···· 179.50点	1949年	5月17日 ···· 176.25点
7月28日 ···· 187.00点	1月3日 ···· 174.50点	6月14日 ···· 160.62点
7月30日 ···· 180.00点	1月7日 ···· 182.50点	7月19日 ···· 175.00点
8月5日 ···· 184.50点	1月17日 ···· 177.75点	

平均指数在9点及以上的波动

在绘制这种走势图时，如果市场在上扬，那么走势图也持续向上，直至出现9点或9点以上的调整；如果市场在下跌，那么走势图上的趋势线也向下移动，直至出现9点或9点以上的反弹，这在9点波动图上是一种反转。如果市场正在接近头部和底部，或出现了一些重要的转势信号，我们就要将少于9点的市场运动记录下来。通过研究这种走势图，你就会发现市场的运动幅度常常是9点～10点。接下来需要留心的重要周期是18点～20点左右的市场运动，然后是 30 点左右的市场运动，接着是 45 点左右的市场运动，最后是 50 点～ 52 点的市场运动。研究这些记录可以帮助你更加准确地判断市场主要长期波动的未来趋势，便于你进行长期投资，在目前的税法下，你必须学习长期投资，因为你必须持仓 6 个月或更久。

在下表中，"A"后面的数字表示的是指数上涨的点数，"D"后面的数字表示的是从前一个最高位下跌的点数。

1912年	10月8日	94.12点		
1913年	6月11日	72.11点	D	22.01点①
	9月13日	83.43点	A	11.32点②
	12月15日	75.27点	D	8.16点
1914年	3月20日	83.43点	A	8.16点
	12月24日	53.17点	D	30.26点
1915年	4月30日	71.78点	A	18.61点
	5月14日	60.38点	D	11.40点
	12月27日	99.21点	A	38.83点
1916年	7月13日	86.42点	D	12.79点
	11月21日	110.15点	A	23.73点
	12月21日	90.16点	D	19.99点
1917年	1月2日	99.18点	A	9.02点
	2月2日	87.01点	D	12.17点
	6月9日	99.08点	A	12.07点
	12月19日	65.95点	D	33.13点

1918年	10月18日	89.09点	A	23.14点
1919年	2月8日	79.15点	D	9.94点③
	7月14日	112.23点	A	33.08点
	7月20日	98.46点	D	13.77点④
	11月3日	119.62点	A	21.16点
	11月29日	103.60点	A	16.02点
1920年	1月3日	109.88点	D	6.28点
	2月25日	89.98点	D	19.90点
	4月8日	105.65点	A	15.67点
	5月19日	87.36点	D	18.29点
	7月8日	94.51点	A	7.15点
	8月10日	83.20点	D	11.31点
	9月17日	89.75点	A	6.55点
	12月21日	66.75点	D	23.00点
1921年	5月5日	80.03点	A	13.28点⑤
	6月20日	64.90点	D	15.13点

---

① 原文为"22.00 点"。——译者注

② 原文为"11.31 点"。——译者注

③ 原文为"9.96 点"。——译者注

④ 原文为"12.77 点"。——译者注

⑤ 原文为"22.28 点"。——译者注

	7月6日	69.86点	A	4.96点			5月19日	137.16点	D	7.67点
	8月24日	63.90点	D	5.96点			8月24日	166.64点	A	29.48点④
1922年	10月14日	103.43点	A	39.53点			10月19日	145.66点	D	20.98点
	11月14日	93.11点	D	10.32点			12月18日	161.86点	A	16.20点
1923年	3月20日	105.38点	A	12.27点		1927年	1月25日	152.73点	D	9.13点
	10月27日	85.76点	D	19.62点			5月28日	172.56点	A	19.83点
1924年	2月6日	101.31点	A	15.55点			6月27日	165.73点	D	6.83点
	5月14日	88.77点	D	12.54点			10月3日	199.78点	A	34.05点
	8月20日	105.57点	A	16.80点			10月22日	179.78点	D	20.00点
	10月14日	99.18点	D	6.39点①		1928年	1月3日	203.35点	A	23.57点
1925年	1月22日	123.60点	A	24.42点			1月18日	194.50点	D	8.85点
	2月16日	117.96点	D	5.64点②			1月24日	201.01点	A	6.51点
	3月6日	125.68点	A	7.72点			2月20日	191.33点	D	9.68点
	3月30日	115.00点	D	10.68点			3月20日	214.45点	A	23.12点
	4月18日	122.02点	A	7.02点			4月23日	207.94点	D	6.51点
	4月27日	119.46点	D	2.56点			5月14日	220.88点	A	12.94点
	11月6日	159.39点	A	39.93点			5月22日	211.73点	D	9.15点
	11月24日	148.18点	D	11.21点			6月2日	220.96点	A	9.23点
1926年	2月11日	162.31点	A	14.13点			6月12日	202.65点	D	18.31点
	3月3日	144.44点	D	17.87点			6月14日	210.76点	A	8.11点
	3月12日	153.13点	A	8.69点			6月18日	201.96点	D	8.80点
	3月30日	135.20点	D	17.93点③			7月5日	214.43点	A	12.47点
	4月24日	144.83点	A	9.63点			7月16日	205.10点	D	9.33点

① 原文为"6.38点"。——译者注
② 原文为"5.74点"。——译者注
③ 原文为"9.22点"。——译者注
④ 原文为"29.49点"。——译者注

10月1日 242.46点　A　37.36点

10月3日 233.60点　D　8.86点①

10月19日 259.19点　A　25.59点

10月22日 250.08点　D　9.11点

10月24日 260.39点　A　10.31点②

10月31日 248.96点　D　11.43点

11月28日 299.35点　A　50.39点

12月3日 283.89点　D　15.46点

12月4日 295.61点　A　11.72点

12月10日 254.36点　D　41.25点

注意：这是从11月28日的最高点299.35点下跌44.99点，而根据我们的规则，下跌45点是一个阻力位，因此，这是回补做空盘，并买入待涨的另一个原因。

1929年　1月3日 311.46点　A　57.10点

1月8日 292.89点　D　18.57点

1月25日 319.86点　A　26.97点

1月30日 308.47点　D　11.39点

2月1日 324.16点　A　15.69点

2月8日 298.03点　D　26.13点

2月13日 316.06点　A　18.03点

2月18日 293.40点　D　22.66点③

3月1日 324.40点　A　31.00点④

3月6日 302.93点　D　21.47点

3月15日 322.75点　A　19.82点⑤

3月26日 281.51点　D　41.24点

3月28日 311.13点　A　29.62点

4月1日 294.11点　D　17.02点

4月5日 307.97点　A　13.86点

4月10日 295.71点　D　12.26点

4月23日 320.10点　A　24.39点

4月26日 311.00点　D　9.10点

5月6日 331.01点　A　20.01点⑥

5月9日 317.09点　D　13.92点⑦

5月11日 328.01点　A　10.92点

5月13日 313.56点　D　14.45点⑧

5月15日 324.38点　A　10.82点⑨

5月16日 314.51点　D　9.87点

5月17日 325.64点　A　11.13点

① 原文为"10.86点"。——译者注
② 原文为"10.29点"。——译者注
③ 原文为"22.26点"。——译者注
④ 原文为"30.60点"。——译者注
⑤ 原文为"20.18点"。——译者注
⑥ 原文为"20.00点"。——译者注
⑦ 原文为"13.82"点。——译者注
⑧ 原文为"15.55点"。——译者注
⑨ 原文为"8.72点"。——译者注

5月23日 300.52点 D 25.12点　　9月5日 367.35点 D 18.75点

5月24日 313.30点 A 12.78点　　9月7日 381.44点 A 14.09点

5月27日 291.80点 D 21.50点　　9月10日 364.46点 D 16.98点

5月29日 302.32点 A 10.52点①　9月12日 375.52点 A 11.06点

5月31日 290.02点 D 12.30点②　9月13日 359.70点 D 15.82点

6月7日 312.00点 A 21.98点　　9月19日 375.20点 A 15.50点

6月11日 301.22点 D 10.78点　　9月25日 344.85点 D 30.35点

6月18日 323.30点 A 22.08点　　9月26日 358.16点 A 13.31点

6月20日 314.32点 D 8.98点　　9月28日 341.03点 D 17.13点

7月8日 350.09点 A 35.77点　　10月2日 350.19点 A 9.16点

7月11日 340.12点 D 9.97点③　10月4日 320.45点 D 29.74点

7月12日 350.26点 A 10.14点　　10月8日 349.67点 A 29.22点

7月16日 339.98点 D 10.28点　　10月9日 338.86点 D 10.81点

7月17日 349.79点 A 9.81点　　10月11日 358.77点 A 19.91点

7月23日 339.65点 D 10.14点　　10月17日 332.11点 D 26.66点

7月24日 49.30点 A 9.65点　　10月18日 343.12点 A 11.01点

7月29日 336.36点 D 12.94点　　10月19日 321.71点 D 21.41点

8月5日 358.66点 A 22.30点　　10月22日 333.01点 A 11.30点

8月9日 336.13点 D 22.53点　　10月24日 272.32点 D 60.69点⑤

8月26日 380.18点 A 44.05点④　10月25日 306.02点 A 33.70点⑥

8月28日 370.34点 D 9.84点　　10月29日 212.33点 D 93.69点

9月3日 386.10点 A 15.76点　　10月31日 281.54点 A 69.21点

---

① 原文为"11.52 点"。——译者注
② 原文为"12.32 点"。——译者注
③ 原文为"9.93 点"。——译者注
④ 原文为"42.05 点"。——译者注
⑤ 原文为"39.31 点"。——译者注
⑥ 原文为"35.76 点"。——译者注

11月7日 217.84点 D 63.70点

11月8日 245.28点 A 27.44点

11月13日 195.35点 D 49.93点

11月20日 250.75点 A 55.40点

11月27日 233.39点 D 17.36点①

12月9日 267.56点 A 34.17点

12月13日 239.58点 D 27.98点②

12月14日 254.41点 A 14.83点

12月20日 227.20点 D 27.21点

12月21日 237.26点 A 10.06点

12月23日 226.39点 D 10.87点

12月27日 246.35点 A 19.96点

12月30日 235.95点 D 10.40点

1930年　1月10日 252.91点 A 16.96点③

1月18日 243.37点 D 9.54点

2月13日 275.00点 A 31.63点

2月17日 265.29点 D 9.71点

2月19日 273.35点 A 8.06点

2月25日 259.78点 D 13.57点④

3月10日 279.40点 A 19.62点

3月15日 268.97点 D 10.43点

3月21日 284.08点 A 15.11点

3月22日 274.63点 D 9.45点⑤

4月16日 297.25点 A 22.62点

4月22日 284.28点 D 12.97点

4月23日 293.27点 A 8.99点⑥

4月29日 272.24点 D 21.03点

4月30日 283.51点 A 11.27点

5月5日 249.82点 D 33.69点

5月7日 272.15点 A 22.33点

5月8日 257.74点 D 14.41点

5月14日 277.22点 A 19.48点

5月20日 260.76点 D 16.46点

6月2日 276.86点 A 16.10点

6月12日 241.00点 D 35.86点

6月13日 251.63点 A 10.63点⑦

6月18日 212.27点 D 39.36点

6月20日 232.69点 A 20.42点

6月25日 207.74点 D 24.95点

7月1日 229.53点 A 21.79点

7月8日 214.64点 D 14.89点

7月18日 242.01点 A 27.37点

---

① 原文为"17.46点"。——译者注
② 原文为"28.08点"。——译者注
③ 原文为"14.96点"。——译者注
④ 原文为"13.56点"。——译者注
⑤ 原文为"9.35点"。——译者注
⑥ 原文为"9.00点"。——译者注
⑦ 原文为"9.37点"。——译者注

7月21日 228.72点 D 13.29点

7月28日 243.65点 A 14.93点

7月31日 229.09点 D 14.56点

8月5日 240.95点 A 11.86点

8月13日 214.49点 D 26.46点

9月10日 247.10点 A 32.61点

9月30日 201.95点 D 45.15点

10月3日 216.85点 A 14.90点

10月10日 186.70点 D 30.15点

10月15日 201.64点 A 14.94点

10月18日 183.63点 D 18.01点

10月20日 194.44点 A 10.81点

10月22日 181.53点 D 12.91点

10月28日 198.59点 A 17.06点①

11月1日 181.26点 D 17.33点

11月3日 187.23点 A 5.97点②

11月10日 168.32点 D 18.91点

11月15日 187.59点 A 19.27点

11月18日 177.63点 D 9.96点

11月21日～25日 191.28点 A 13.65点

11月28日 178.88点 D 12.40点

12月2日 187.96点 A 9.08A

12月17日 154.45点 D 33.51点

12月18日 17164点 A 17.19点

12月29日 158.41点 D 13.23点

1931年 1月7日 175.32点 A 16.91点③

1月19日 160.09点 D 15.23点

1月23日 172.97点 A 12.88点

1月29日 164.81点 D 8.16点④

2月26日 195.95点 A 31.14点

3月13日 175.89点 D 20.06点

3月20日 189.31点 A 13.42点

4月7日 166.10点 D 23.21点

4月14日 173.24点 A 7.14点

4月29日 141.78点 D 31.46点

5月9日 156.17点 A 14.39点

6月2日 119.89点 D 36.28点

6月5日 138.89点 A 19.00点

6月8日 127.96点 D 10.93点

6月9日 138.88点 A 10.92点

6月19日 1128.64点 D 10.24点

6月27日 157.93点 A 29.29点

7月1日 147.44点 D 10.49点

7月3日 156.74点 A 9.30点

7月15日 134.39点 D 22.35点

7月21日 147.69点 A 13.30点

---

① 原文为"17.07点"。——译者注

② 原文为"5.99点"。——译者注

③ 原文为"16.41点"。——译者注

④ 原文为"18.16点"。——译者注

	7月31日	133.70点	D	13.99点①		6月2日	43.49点	A	16.52点

7月31日　133.70点　D　13.99点①

8月15日　146.41点　A　12.71点

9月21日　104.79点　D　41.62点

9月23日　117.75点　A　12.96点

10月5日　85.51点　D　32.24点

10月9日　108.98点　A　23.47点

10月14日　96.01点　D　12.97点

10月24日　110.53点　A　14.52点

10月29日　98.19点　D　12.34点

11月9日　119.15点　A　20.96点

12月17日　71.79点　D　47.36点

12月19日　83.09点　A　11.30点

1932年　1月5日　69.85点　D　13.24点

1月14日　87.78点　A　17.93点

2月10日　70.64点　D　17.14点

2月19日　89.84点　A　19.20点

2月24日　79.57点　D　10.27点

3月9日　89.88点　A　10.31点

5月4日　52.33点　D　37.55点②

5月7日　60.01点　A　7.68点

6月2日　43.49点　A　16.52点

6月15日　51.43点　A　7.94点

7月8日　40.56点　D　10.87点③

8月8日　71.49点　A　30.93点

8月13日　60.89点　D　10.60点④

9月8日　81.39点　A　20.50点

9月15日　64.27点　D　17.12点

9月22日　76.01点　A　11.74点

10月10日　57.67点　D　18.34点

10月20日　66.13点　A　8.46点⑤

11月3日　57.21点　D　8.92点

11月12日　68.87点　A　11.66点

12月3日　55.04点　D　13.83点

1933年　1月11日　65.78点　A　10.74点⑥

2月27日　49.68点　D　16.10点⑦

3月16日　64.56点　A　14.88点⑧

3月31日　54.90点　D　9.66点

4月20日　75.20点　A　20.30点

4月21日　68.64点　D　6.56点

6月13日　97.97点　A　29.33点

---

① 原文为"14.00点"。——译者注

② 原文为"37.53点"。——译者注

③ 原文为"10.89点"。——译者注

④ 原文为"10.69点"。——译者注

⑤ 原文为"8.54点"。——译者注

⑥ 原文为"10.24点"。——译者注

⑦ 原文为"15.60点"。——译者注

⑧ 原文为"14.78点"。——译者注

6月17日	89.10点	D	8.87点①	
7月18日	110.53点	A	21.43点	
7月21日	84.45点	D	26.08点	
7月27日	97.28点	A	12.83点	
7月31日	87.75点	D	9.53点	
8月25日	105.60点	A	17.85点	
9月6日	97.74点	D	7.86	
9月18日	107.68点	A	9.94点	
10月3日	91.93点	D	15.75点	
10月9日	100.58点	A	8.65点	
10月21日	82.20点	D	18.38点	
12月11日	103.97点	A	21.77点	
12月20日	93.70点	D	10.27点	
1934年 2月5日	111.93点	A	18.23	
3月1日	101.93点	D	10.00点	
3月3日	106.37点	A	4.44点②	
3月27日	97.41点	D	9.96点	
4月20日	107.00点	A	9.59点	
5月14日	89.10点	D	17.90点③	
7月11日	99.35点	A	10.25点	
7月26日	84.58点	D	14.77点	

8月25日	96.00点	A	11.42点	
9月17日	85.72点	D	10.28点	
1935年 1月7日	106.71点	A	20.99点④	
1月15日	99.54点	D	7.17点	
2月18日	108.29点	A	8.75点	
3月18日	95.95点	D	12.34点	
5月28日	117.62点	A	21.67点	
6月1日	108.64点	D	8.98点	
9月11日	135.05点	A	26.41点	
9月11日	135.05点	A	26.41点	
10月3日	126.95点	D	8.10点⑤	
11月20日	149.42点	A	22.47点⑥	
12月16日	138.91点	D	10.51点	
1936年 3月6日	159.87点	A	20.96点	
3月13日	149.65点	D	10.22点	
4月6日	163.07点	A	13.42点	
4月30日	141.53点	D	21.54点	
6月24日	161.15点	A	19.62点	
7月8日	154.85点	D	6.30点	
8月10日	170.15点	A	15.30点	
8月21日	160.52点	D	9.63点	

① 原文为"12.87 点"。——译者注
② 原文为"4.46 点"。——译者注
③ 原文为"16.90 点"。——译者注
④ 原文为"21.00 点"。——译者注
⑤ 原文为"8.15 点"。——译者注
⑥ 原文为"12.47 点"。——译者注

11月18日　186.39点　A　25.87点①

12月21日　175.31点　D　11.08点②

1937年　3月10日　195.59点　A　20.28点

3月22日　179.28点　D　16.31点

3月31日　187.99点　A　8.71点

4月9日　175.86点　D　12.13点

4月22日　184.33点　A　8.47点③

4月28日　168.77点　D　15.56点

5月5日　176.81点　A　8.04点

5月18日　166.20点　D　10.61点

5月24日　176.25点　A　10.05点

6月14日　163.73点　D　12.52点

8月14日　190.38点　A　26.65点

9月13日　154.94点　D　35.44点

9月15日　165.16点　A　10.22点

9月24日　146.22点　D　18.94点

9月30日　157.12点　A　10.90点

10月6日　141.63点　D　15.49点

10月7日　150.47点　A　8.84点

10月19日　115.84点　D　34.63点

10月21日　137.82点　A　21.98点

10月25日　124.56点　D　13.26点

10月29日　141.22点　A　16.66点

11月8日　121.60点　D　19.62点

11月12日　135.70点　A　14.10点④

11月23日　112.54点　D　23.16点

12月8日　131.15点　A　18.61点

12月14日　121.85点　D　9.30点⑤

12月21日　130.76点　A　8.91点

12月29日　117.21点　D　13.55点

1938年　1月15日　134.95点　A　17.74点

2月4日　117.13点　D　17.82点

2月23日　132.86点　A　15.73点

3月31日　97.46点　D　35.40点

4月18日　121.54点　A　24.08点

4月20日　112.47点　D　9.07点

4月23日　119.21点　A　6.74点

5月1日　109.40点　D　9.81点

5月10日　120.28点　A　10.88点

5月27日　106.44点　D　13.84点

7月25日　146.31点　A　39.87点

8月12日　135.38点　D　10.93点

8月24日　145.30点　A　9.92点

9月14日　130.38点　D　14.92点

9月21日　140.20点　A　9.82点

9月28日　127.85点　D　12.35点

① 原文为"5.87 点"。——译者注

② 原文为"11.68 点"。——译者注

③ 原文为"9.57 点"。——译者注

④ 原文为"16.10 点"。——译者注

⑤ 原文为"9.35 点"。——译者注

	11月10日 158.90点	A	31.05点		5月28日 110.51点 D 7.33点③

11月10日 158.90点　A　31.05点
11月28日 145.21点　D　13.69点
1939年　1月5日 155.47点　A　10.26点
1月26日 136.10点　D　19.37点
3月10日 152.71点　A　16.61点
4月11日 120.04点　D　32.67点
6月9日 140.75点　A　20.71点
6月30日 128.75点　D　12.00点①
7月25日 145.72点　A　16.97点②
8月24日 128.60点　D　17.12点
8月30日 138.07点　A　9.47点
9月1日 127.51点　D　10.56点
9月13日 157.77点　A　30.26点
9月18日 147.35点　D　10.42点
10月26日 155.95点　A　8.60点
11月30日 144.85点　D　11.10点
1940年　1月3日 153.29点　A　8.44点
1月15日 143.06点　D　10.23点
4月8日 152.07点　A　9.01点
5月21日 110.61点　D　41.46点
5月23日 117.84点　A　7.23点

5月28日 110.51点　D　7.33点③
6月10日 110.41点　D　0.10点④
11月8日 138.77点　A　28.36点
12月23日 127.83点　D　10.94点
1941年　1月10日 134.27点　A　6.44点
2月19日 117.43点　D　16.84点
4月4日 125.28点　A　7.85点
5月1日 114.78点　D　10.50点
7月22日 131.10点　A　16.32点
12月24日 105.52点　D　25.58点
1942年　1月6日 114.96点　A　9.44点
4月28日 92.69点　D　22.27点
1943年　7月15日 146.41点　A　53.72点⑤
8月2日 133.87点　D　12.54点
9月20日 142.50点　A　8.63点
11月30日 128.94点　D　13.56点⑥
1944年　7月10日 150.88点　A　21.94点⑦
9月7日 142.53点　D　8.35点
1945年　3月6日 162.22点　A　19.69点
3月26日 151.74点　D　10.48点
6月26日 169.55点　A　17.81点

---

① 原文为"11.78 点"。——译者注
② 原文为"16.85 点"。——译者注
③ 原文为空。——译者注
④ 原文为"7.33 点"。——译者注
⑤ 原文为"53.73 点"。——译者注
⑥ 原文为"13.66 点"。——译者注
⑦ 原文为"22.06 点"。——译者注

7月27日　159.95点　D　9.60点①　　　10月10日　161.61点　D　13.84点

12月10日　196.59点　A　36.64点　　　10月16日　177.05点　A　15.44点

12月20日　187.51点　D　9.08点　　　10月30日　160.49点　D　16.56点

1946年　1月17日　205.03点　A　17.52点　　　11月6日　175.00点　A　14.51点

1月21日　195.52点　D　9.51点　　　11月22日　162.29点　D　12.71点

2月4日　207.49点　A　11.97点　　　1947年　1月7日　179.24点　A　16.95点

2月13日　197.65点　D　9.84点　　　1月16日　170.13点　D　9.11点

2月16日　205.35点　A　7.70点　　　2月10日　184.96点　A　14.83点

2月26日　184.05点　D　21.30点　　　3月15日　171.97点　D　12.99点

4月18日　209.36点　A　25.31点　　　3月28日　179.68点　A　7.71点

5月6日　199.26点　D　10.10点　　　4月15日　165.39点　D　14.29点

5月29日　213.36点　A　14.10点　　　5月5日　175.08点　A　9.69点

6月21日　198.98点　D　14.38点　　　5月19日　161.38点　D　13.70点

7月1日　208.59点　A　9.61点　　　7月25日　187.66点　A　26.28点

7月24日　194.33点　D　14.26点　　　9月9日　174.02点　D　13.64点

8月14日　205.01点　A　10.68点　　　10月20日　186.24点　A　12.22点

9月4日　173.64点　D　31.37点　　　1948年②　2月11日③164.09点　D　22.15点④

9月6日　181.67点　A　8.03点　　　6月14日⑤194.49点　A　30.40点

9月10日　166.56点　D　15.11点　　　7月19日　179.50点　D　14.99点

9月16日　176.26点　A　9.70点　　　7月28日　187.00点　A　7.50点

9月19日　164.09点　D　12.17点　　　8月11日　176.50点　D　10.50点

9月26日　175.45点　A　11.36点　　　9月7日　185.50点　A　9.00点⑥

---

① 原文为"9.65 点"。——译者注

② 此处为译者添加。——译者注

③ 原文为"7 月 11 日"。——译者注

④ 原文为"22.19 点"。——译者注

⑤ 原文为"6 月 14 日"。——译者注

⑥ 原文为"11.00 点"。——译者注

9月27日 175.50点 D 10.00点	3月30日 179.15点 A 8.65点
10月26日 190.50点 A 15.00点	6月14日 160.62点 D 18.53点
11月30日 170.50点 D 20.00点	7月18日 174.44点 A 13.82点
1949年 1月7日和24日 182.50点 A 12.00点	
2月25日 170.50点 D 12.00点	

所有9点及以上的波动

1912 年 10 月 8 日～1949 年 6 月 14 日，这 37 年间总共出现过 464 次幅度在 9 点或 9 点以上的市场波动，平均下来大约是每个月出现一次 9 点波动。另有 54 次幅度小于 9 点的市场波动。

在这 464 次波动中，9 点～21 点的市场波动共有 271 次，大约占总数的 50%。

21 点～31 点的市场波动共有 61 次，大约占总数的 1/4。

31 点～51 点的市场波动有 36 次，约占总数的 1/8。

幅度大于 51 点的市场波动仅有 6 次，而且均出现在 1929 年，当时的股市经历了有史以来最疯狂的阶段。

上面的数字表明，大多数重要的市场趋势波动都在 9 点～21 点，而且对于趋势来说指向来说，这些运动最为重要。

小于 9 点的市场波动地位次之，如果从一个低位的反弹未能超过 9 点，就说明市场处于弱势，指数还将继续走低；同样，在上升行情中，如果平均价格指数的回调小于 9 点，就说明市场仍处于强势，指数还将继续走高。

通常，如果大势反转向上，而且平均价格指数上涨了 10 点或更多，那么指数就应该继续上扬，能从低位上涨 20 点或更多。

当熊市开始以后，如果指数的跌幅超过 10 点，那它就会继续下跌 20 点或 20 点以上。如果平均价格指数的波动幅度超过了 21 点，那么你接下来要关注的就是从极限最高点和极限最低点开始的 30 点～ 31 点的波动幅度。因为，在市场朝相反方向运行 10 点或 10 点以上之前，幅度超过 31 点的波动占的比例极小。

波动30点的例子

1938 年 3 月 15 日，最高点 127.50 点；3 月 31 日，极限最低点 97.50 点——指数下跌了 30 点。

1938 年 9 月 28 日，最低点 127.50 点；11 月 10 日，年内最高点 158.75 点——指数上涨了 31.25 点。

1939 年 9 月 1 日，最低点 127.50 点。同一天，希特勒发动了第二次世界大战。

1939 年 9 月 13 日，年内极限最高点 157.50 点，指数正好上涨了 30 点。

1946 年 2 月 4 日，最高点 207.5 点；2 月 24 日，最低点 184.04 点——指数下跌了近 24 点。

1948 年 2 月 11 日，最低点 164.04 点；6 月 14 日，年内最高点 194.49 点——指数上涨 30.40 点。

1949 年 6 月 14 日，最低点 160.62 点，自 1948 年的最高点起，指数下跌了 33.87 点。

从这些数字可以看出，当波动幅度在 30 点左右时，常常会产生这个特定市场波动的极限最高点或极限最低点，在正常的市场状态下，这种现象尤为常见。而在非正常的市场中，如 1928 年、1929 年和 1930 年的股市，指数运动要远大于 30 点，因为那时股价奇高，而且波动剧烈，这些非正常时期的波动自然无法与正常时期同日而语。

第八章
出现高顶和深底的月份

　　因为股票的运动受季节性变化的影响，而且会在牛市即将结束，或是一轮大行情或小行情即将结束的某个月份创出极限高顶。所以，回顾以往在那些重要行情结束出现的最高点十分重要。

1881年	1月和6月的最高点	1912年	10月	1934年	2月
1886年	12月	1914年	3月	1937年	3月
1887年	4月	1915年	12月	1938年	1月
1890年	5月	1916年	11月	1938年	11月
1892年	3月	1918年	10月	1939年	9月
1895年	9月	1919年	11月	1940年	11月
1897年	9月	1923年	3月	1941年	7月和9月
1899年	4月和9月	1929年	9月	1943年	7月
1901年	4月和6月	1930年	4月	1946年	5月
1906年	1月	1931年	7月	1947年	2月、6月和10月
1909年	10月	1932年	9月	1948年	6月
1911年	2月和6月	1933年	7月	1949年	1月

　　由上表中可以看到，在 1881～1949 年间的股票市场中，总共出现了 35 轮行情。下面我们给出了 12 个月份中，每个月出现顶部或最高点的次数。

　　1月——出现 4 个高点

　　2月——出现 4 个高点

3 月——出现 4 个高点

4 月——出现 4 个高点

5 月——出现 2 个高点

6 月——出现 4 个高点

7 月——出现 4 个高点

8 月——没有出现高点

9 月——出现 8 个高点

10 月——出现 4 个高点

11 月——出现 4 个高点

12 月——出现 2 个高点

上面的数字显示，在35轮行情中，指数在9月出现了8次顶部，因此，如果一轮牛市已经运行了相当长的时间，那么9月就是要提防顶部出现的重要月份。而在 1 月、2 月、3 月、4 月、6 月、7 月、10 月和 11 月的市场中各出现过 4 次顶部，5 月和 12 月分别出现过 2 次顶部，只有 8 月一次也未出现。这些数字就是一种信号，它在告诉你一轮大牛市或小牛市的尾声会出现在哪些月份。

出现过极限最低点的月份

熊市或下跌行情的终点在某些月份比其他月份出现的频率高。因此，对于你来说，知道这些极限深底的出现时间十分重要。记录如下：

1884年	6月	1898年	3月	1910年	7月
1888年	4月	1900年	9月	1911年	7月
1890年	12月	1901年	1月	1913年	6月
1893年	7月	1903年	11月	1914年	12月
1896年	8月	1907年	11月	1916年	4月

1917年	12月	1933年	10月	1942年	4月
1919年	2月	1934年	7月	1943年	11月
1921年	8月	1937年	11月	1946年	10月
1923年	10月	1938年	3月	1947年	5月
1929年	11月	1939年	4月	1948年	7月和3月至11月
1930年	12月	1940年	5月和6月	1949年	6月
1932年	7月	1941年	5月		

从上面的数字，你可以看到在 36 轮下跌行情或熊市中，市场在每个月份到达底部的累计次数。

1 月——1 次极限最低点

2 月——3 次极限最低点

3 月——2 次极限最低点

4 月——4 次极限最低点

5 月——3 次极限最低点

6 月——4 次极限最低点

7 月——5 次极限最低点

8 月——2 次极限最低点

9 月——1 次极限最低点

10 月——3 次极限最低点

11 月——6 次极限最低点

12 月——4 次极限最低点

你会注意到，有 6 次熊市结束于 11 月，另有 5 次结束于 7 月份。因此，当股市已经下跌了很长时间后，在 7 月或 11 月见底的可能性就会很大。出现最低点次数最多的其他月份是 4 月、6 月和 12 月。这些是下一个需要留心跌势终点的月份。

在 36 轮市场波动中，1 月和 9 月分别出现过 1 次最低点。因此，在考虑熊市的结束时，可将这两个月份排除在外。3 月出现过 2 次极限最低点，如果市场已经下跌了一段时间，那么你可以预计深底出现在 4 月份的可能性要大于 3 月份。就像要结合工业股平均指数和公用事业股平均指数来研究以往股市的时间段一样，你也可以结合个股来研究过去的时间周期。

每年出现最高点和最低点的月份

记录下每年中出现极限最高点和极限最低点的时间非常重要。下表中记录的是出现过最高点和最低点的月份，而且在 1897 年后，我们给出了出现最高点和最低点的确切日期。

	最高点	最低点
1881 年	1 和 5 月	2、9 和 12 月
1882 年	9 月	1 和 11 月
1883 年	4 月	2 和 10 月
1884 年	2 月	6 和 12 月
1885 年	11 月	1 月
1886 年	1 和 12 月	5 月
1887 年	5 月	10 月
1888 年	10 月	4 月
1889 年	9 月	3 月
1890 年	5 月	12 月
1891 年	1 月和 9 月	7 月
1892 年	3 月	12 月
1893 年	1 月	7 月 26 日（极限最低点）
1894 年	4 月和 8 月	11 月
1895 年	9 月	12 月

1896 年	4 月 17 日	8 月 8 日
1897 年	9 月 10 日	4 月 19 日
1898 年	8 月 26 日和 12 月 17 日	3 月 25 日
1899 年	4 月 4 日和 9 月 2 日	12 月 18 日、6 月 25 日和 9 月 24 日
1900 年	12 月 27 日	12 月 24 日
1901 年	6 月 3 日	
1902 年	4 月 18 日和 9 月 19 日	12 月 15 日
1903 年	2 月 16 日	11 月 9 日
1904 年	12 月 5 日	2 月 9 日
1905 年	12 月 29 日	1 月 25 日
1906 年	1 月 19 日	7 月 13 日
1907 年	1 月 7 日	11 月 15 日
1908 年	11 月 13 日	2 月 13 日
1909 年	10 月 2 日	2 月 23 日
1910 年	1 月 22 日	7 月 26 日
1911 年	2 月 4 日和 6 月 14 日	9 月 25 日
1912 年	9 月 30 日	1 月 2 日
1913 年	1 月 9 日	6 月 21 日
1914 年	3 月 20 日	12 月 24 日
1915 年	12 月 27 日	1 月 24 日
1916 年	11 月 25 日	4 月 22 日
1917 年	1 月 2 日	12 月 19 日
1918 年	10 月 18 日	1 月 15 日
1919 年	11 月 3 日	2 月 8 日
1920 年	1 月 3 日	12 月 21 日
1921 年	5 月 5 日	8 月 24 日
1922 年	1 月 5 日	10 月 14 日

1923 年	3 月 20 日	10 月 27 日
1924 年	11 月 18 日	5 月 14 日
1925 年	11 月 6 日	3 月 6 日
1926 年	8 月 14 日	3 月 30 日
1927 年	12 月 20 日	1 月 25 日
1928 年	12 月 31 日	2 月 20 日
1929 年	9 月 3 日	11 月 13 日
1930 年	4 月 16 日	12 月 17 日
1931 年	2 月 24 日	10 月 5 日
1932 年	3 月 9 日	7 月 8 日
1933 年	7 月 18 日	2 月 27 日和 10 月 21 日
1934 年	2 月 5 日	7 月 26 日
1935 年	11 月 8 日	3 月 18 日
1936 年	12 月 15 日	4 月 30 日
1937 年	3 月 10 日	11 月 23 日
1938 年	11 月 10 日	3 月 31 日
1939 年	9 月 13 日	4 月 11 日
1940 年	1 月 3 日	6 月 10 日
1941 年	1 月 10 日	12 月 24 日
1942 年	12 月 28 日	4 月 28 日
1943 年	7 月 15 日	1 月 7 日
1944 年	12 月 16 日	2 月 7 日
1945 年	12 月 10 日	1 月 24 日
1946 年	5 月 29 日	10 月 30 日
1947 年	7 月 25 日	5 月 19 日
1948 年	6 月 14 日	2 月 11 日
1949 年	1 月 7 日	6 月 14 日

极限最高点的发生频率

1 月——69 年中有 14 次最高点

2 月——69 年中有 5 次最高点

3 月——69 年中有 5 次最高点

4 月——69 年中有 6 次最高点

5 月——69 年中有 5 次最高点

6 月——69 年中有 3 次最高点

7 月——69 年中有 3 次最高点

8 月——69 年中有 3 次最高点

9 月——69 年中有 10 次最高点

10 月——69 年中有 3 次最高点

11 月——69 年中有 8 次最高点

12 月——69 年中有 13 次最高点

从上述统计数字中我们可以看到，1 月出现过 14 次最高点，而 12 月出现过 13 次，因此，当市场已经上涨了相当长的一段时间后，在 12 月或 1 月份出现最高点的可能性极大。在 9 月份，最高点曾出现过 10 次。当指数已经上涨一段时间后，这是仅次于 2 月份和 1 月份需要留心顶部的月份。下一个最高点出现频率较高的月份是 11 月，出现过 8 次。随后是最高点分别出现过 5 次、6 次和 5 次的 3 月、4 月和 5 月。而剩下的 6 月、7 月、8 月和 10 月只分别出现过 3 次最高点，因此，你不必对指数在这些月份到达极限最高点抱过高期望。

极限最低点的发生频率

1 月——69 年中有 9 次极限最低点

2 月——69 年中有 10 次极限最低点

3 月——69 年中有 6 次权限最低点

4 月——69 年中有 6 次极限最低点

5 月——69 年中有 3 次极限最低点

6 月——69 年中有 5 次极限最低点

7 月——69 年中有 6 次极限最低点

8 月——69 年中有 2 次极限最低点

9 月——69 年中有 2 次极限最低点

10 月——69 年中有 7 次极限最低点

11 月——69 年中有 6 次极限最低点

12 月——69 年中有 13 次极限最低点

由上面的数字可以看到，见底次数最多的是 12 月，其次是 2 月，因此，要想留心深底和转势，12 月份和 2 月份是最重要的，接下来是分别出现过 9 次的 1 月和 7 次最低点的 10 月，然后是分别出现过 6 次最低点的 3 月、4 月和 11 月份。5 月[①]出现过 3 次最低点，8 月和 9 月分别出现过 2 次最低点，后面这些月份出现最低点的次数是最少的。

把最高点和最低点放在一起来考虑，我们会发现，在过去的 69 年中，出现最高点和最低点次数最多的月份分别是 9 月、12 月、1 月和 2 月，只要指数已经上涨或下跌了很长一段时间，这些就是需要留心转势的最重要的月份。通过观察以往出现高顶和深底的月份，可以帮助你预估下一次转

---

① 原文为"4 月"。——译者注

势出现的时间。你还应当研究以往最高点和最低点出现的确切日期，以便将来在相同的日期附近留心转势的出现。

道琼斯30种工业股平均指数的波动周期

我们考察了 1912 年 10 月 8 日～ 1949 年 6 月 14 日的工业股平均指数，这里记录的是最主要的涨跌行情，它们的特点是持续时间相对较短，指数会经历骤升或骤降。在这期间，这样的跌涨共出现了 292 次。

3 ～ 11 天——有 41 次涨跌行情处于这个时段，占总数的比例约为 1∶7。

11 ～ 21 天——有 65 次涨跌行情处于这个时段，比例约为 1∶4.5。

22 ～ 35 天——有 65 次涨跌行情处于这个时段，比例约为 1∶4.5。

在 11 ～ 35 天这个时段中，共有 130 次涨跌行情，占总数的三分之一以上，由此可见，这是最容易出现极限最高点或极限最低点的时段，需要特别注意。

36 ～ 45 天——有 31 次涨跌行情处于这个时段，比例约为 1∶9.5。

43 ～ 60 天——有 33 次涨跌行情处于这个时段，比例约为 1∶9。

61 ～ 95 天——有 20 次涨跌行情处于这个时段，比例约为 1∶14.5。

96 ～ 112 天——有 13 次涨跌行情处于这个时段，比例约为 1∶22.5。

有 12 次涨跌行情的持续时间超过了 112 天，比例约为 1∶22。

这些时间周期的知识将有助于你运用其他的规则，以及研判市场会在什么时候出现转势。

第九章
最低点与未来最高点的比较

　　1949 年 6 月 14 日，道琼斯 30 种工业股平均指数曾跌至 160.62 点，但截至我撰写本书时的 1949 年 7 月 19 日，它已经上涨到了 175 点。我们将 1949 年 6 月 14 日假定为市场开始转牛的起点，通过比较以往在 6 月份出现的最低点以及市场随后的波动，我们就可发掘未来市场趋势的迹象。

　　1913 年 6 月 11 日，最低点 72.11 点；9 月 13 日，最高点 83.43 点。这轮涨势持续了 3 个月。

　　1914 年 3 月 20 日，最高点 83.49 点，与 9 月 13 日的最高点相应，形成了双顶，这轮上涨行情起始于 1913 年 6 月的最低点，历时 9 个月。从 1914 年 3 月起，大势掉头向下，到了 6 月份，指数已经跌到了 81.84 点，略低于前面的双顶，从这个价位开始下跌行情以 1914 年 12 月的恐慌性暴跌结束，这时平均指数已经跌到了 53.17 点。

　　1921 年 6 月 20 日，最低点 66 点，这是熊市的第一个底。

　　1921 年 8 月 24 日，最低点 64 点，这是熊市的最后一个底，一轮牛市就此开始。

　　1923 年 3 月 20 日，最高点 105.25 点，21 个月里指数上涨了 41 点。至此，一直持续到 1929 年的大牛市的第一段行情即将结束。

　　1930 年 6 月 25 日，最低点 208 点，这是熊市在第一年所构筑的一个最低点，因此我们不能指望一轮牛市会在此展开。

　　9 月 10 日，最高点 247 点，77 天内指数上涨了 39 点，这是本轮熊市中唯一的一次反弹。

1937 年 6 月 14 日，最低点 163.75 点。

8 月 14 日，最高点 190.50 点，61 天内指数上涨了 36.75 点。这只是熊市中的一个反弹，因为早在 1937 年 3 月，牛市就已经结束了。

1940 年 6 月 10 日，最低点 110.50 点。

11 月 8 日，最高点 138.50 点，147 天内指数上涨了 28 点。这是熊市中的一次反弹。从此在 6 月份再也没有出现过更重要的底，直至 1949 年 6 月 14 日，这是一轮开始于 1948 年 6 月 14 日的下跌行情。

在使用这些均于 6 月份形成最低点的时间周期时，1921 年 6 月的最低点是尤其需要注意的，因为那是一轮持续时间长达 20 个月的熊市的结尾阶段。因此，以 1949 年 6 月 14 日为基点，加上与 1921 ～ 1923 年的上涨周期相同的时间跨度，我们就得到了 1951 年 3 月 14 日，这可能是一轮牛市的起点。假定从 1949 年 6 月 14 日开始计算，本轮熊市会出现一次反弹，那么反弹起始和结束时间周期就可能是 8 月 14 日、31 日，以及 12 月 27 日。与以前的时间周期相比，其他几个反弹起始和结束的时间周期可能出现在 1950 年 4 月及 1950 年 6 月里。

1945 年 7 月 27 日，最后一次见底。截至 1949 年 7 月 27 日，一轮涨势结束，历时 48 个月。

1949 年 8 月 27 日，间隔 49 个月，与 1938 ～ 1942 年最低点的时间周期，以及 1942 年 4 月～ 1946 年 5 月最高点的时间周期相同。

1949 年 7 月 27 日是出现转势的一个重要日子，因此，如果到时趋势真的向上，或到期后不久趋势就开始向上，那么指数应该可以走得很高。

1938 年 11 月 10 日，最高点 158.75 点；1942 年 4 月 28 日，指数创下最后的最低点，二者之间相距约 42 个月。1945 年，平均价格指数突破了 158.75 点，在此之前大盘曾在这个点位下方运行了 6 年零 3 个月。现在，指数已经站在了 158.75 点之上达 50 个月之久，因此，如果市场现在跌破 160 点这个位置，就意味着会出现大幅下跌，因为它站在其上的时间已经足够久了。

考虑到平均价格指数曾于 1946 年 5 月 29 日到达过一次极限最高点，现在又已经在 53 点的范围内运行了 37 个月，而且没有跌破 1946 年 10 月 30 日的历时 5 个月的第一跌的最低点，因此，如果平均价格指数能够这个低位上停留很长一段时间后开始上涨，并进入强势，那么这种上涨就可能持续很长时间，并创出高价。

周年纪念日

我写这本《江恩华尔街 45 年》，目的是能教给读者一些有关时间周期的全新的、有价值的规则，这些规则可以帮你预测出未来最高点和最低点的出现时间，只要你善加运用，必能从中受益。

在研究过程中我发现，股票会在它们已经到达过最高价和最低价的月份出现重要的转势，我将这些日子称为周年纪念日，每年你都应当留心市场可能在这些重要的日子发生转势。

1929 年 9 月 3 日，指数开创历史新高。

1932 年 7 月 8 日，指数回落到了自 1897 年来的最低位，连同上面的 9 月 3 日，这两个日子对于研究转势来说意义重大。由如下记录中可以看到这些日子所具有的价值。

1930 年 9 月 30 日，大跌前的最后一个最高点。

1931 年 8 月 29 日，一轮大跌行情开始。这个日期仅与 9 月 3 日相差 5 天。

1932 年 7 月 8 日，出现极限最低点。

1932 牛 9 月 8 日，出现牛市中第一轮反弹的最高点。

1933 年 7 月 18 日，指数升至当年的最高点。9 月 18 日，次级反弹的最高点，随后开始了一轮新的下跌。

1934 年 7 月 26 日，指数升至当年的最低点。9 月 17 日，指数抵达上涨前的最后一个谷底位置。

1935 年 7 月 21 日，上涨行情创出新高。指数在回调至 8 月 2 日后，重新开始上扬。

1935 年 9 月 11 日，指数上涨至当时的最高点，之后开始回调，至 10 月 3 日后又突破了 9 月 11 日的最高点，继续攀升。

1936 年 7 月 28 日，指数到达当时的最高点，随后市场开始调整，之后又继续走高。

1936 年 9 月 8 日，指数创下最高点，然后回调至 9 月 17 日，之后继续上扬。

1937 年 7 月，没有出现重要的顶部或底部。

1937 年 9 月 15 日，形成大跌前的最后一个最高点。

1938 年 7 月 25 日，形成大调整前的最高点。9 月 28 日，抵达一轮大涨势前的最后一个最低点。

1939 年 7 月 25 日，形成一个顶部，之后开始了一轮至 9 月 1 日方才结束的调整下跌。

1939 年 9 月 1 日，最低点。9 月 13 日，一轮 30 点上升行情的最高点。

1940 年 7 月 3 日，20 点涨势前的最低点。9 月 13 日，截止到 11 月 8 日的上升行情前的最低点。

1941 年 7 月 22 日，最后一轮反弹的最高点。9 月 18 日，大跌前的最后一个最高点。

1942 年 7 月 9 日和 16 日，调整前的最后一个最高点。9 月 11 日，大涨势前的最后一个最低点。

1943 年 7 月 15 日，13 点跌势前的最高点。9 月 20 日，截止到 11 月 30 日的下跌行情前的最高点。1944 年 7 月 10 日，截止到 9 月 7 日的一轮调整前的最高点。

1944 年 9 月，一轮大涨势前的最后一个最低点。

1945 年 7 月 27 日，最低点 159.95 点。直至撰写本书时的 1949 年 7 月 2 日，这个最低点仍未被跌穿。

1945 年 9 月 17 日，指数大涨前的最低点。

1946 年 7 月 1 日，指数大跌前的最后一个最高点。

1946 年 9 月 6 日，小反弹的最高点，随后指数持续下跌直至 10 月 30 日。

1947 年 7 月 25 日，市场下跌前的最高点。9 月 9 日～26 日，截止到 10 月 20 日的一轮上升行情前的最后两个底。

1948 年 7 月 12 日，截止到 9 月 27 日的下跌行情前的最后一个最高点。

1948 年 9 月 27 日，最后一个最低点，市场随后开始反弹，直至 10 月 26 日结束。

1949 年，注意 7 月 8 日、15 日、25 日和 28 日，这些日子里可能出现重要的转势。

9 月 2 日～10 日、15 日、20 日～27 日，这些日子里也可能出现转势。

每年，都要留心这些周年纪念日，以及其他创下极限最高点和极限最低点的日期，如 1937 年 3 月 8 日、1938 年 3 月 31 日、1942 年 4 月 28 日、1946 年 5 月 29 日，等等。如果你肯用心研究和比较股市波动的时间周期，同时遵循本书中其他的那些规则，那么你早晚会体会到时间周期对于预测转势的重大价值。

重大消息

当诸如战争爆发、战争结束，或是总统就职典礼、总统选举等重大消息出现时，必须着重考虑消息发生时的平均指数和个股的价格走势，观察趋势是向上还是向下，以及这些重大消息出现后的市场变化。

1914 年 7 月 30 日，第一次世界大战爆发，道琼斯工业股平均指数为 71.42 点，12 月 24 日跌入极限最低点 53.17 点。

1915 年 4 月 30 日，最高点 71.78 点，指数涨到了爆发时的价位。随后指数回调，直至 5 月 14 日创下最低点 60.38 点。6 月 22 日，平均指数又回到了 71.90 点，然后从这个位置开始出现了一波小调整，直至 7 月 9 日跌到最低点 67.88 点，随后又掉头向上，突破了战争爆发时的最高点，并不断创出新高。

1918 年 11 月 11 日，第一次世界大战结束。平均价格指数在 11 月 9 日抵达 88.07 点见顶。并在 1919 年 3 月第一次突破这个最高点，而后一路上扬，直至 1919 年 11 月 3 日到达 119.62 点，再创新高。

接下来是 1939 年 9 月 1 日这个重要的战争日，在这一天指数跌至最低点 127.51 点，但 9 月 13 日便又涨至峰顶 157.77 点。我们给出的阻力位出现在 127 点～130 点。

1939 年 8 月 24 日，128.60 点；9 月 1 日，127.51 点。

1940 年 8 月 12 日，最高点 127.55 点；9 月 13 日，最低点 127.32 点；12 月 23 日，最低点 127.83 点。

1941 年 7 月 27 日，最低点 126.75 点；9 月 30 日，最高点 127.31 点。

1943 年 2 月 2 日，最低点 126.38 点；3 月 22 日，最低点 128.67 点；4 月 13 日，最低点 129.79 点；4 月 30 日，最低点 128.94 点，之后市场开始大幅上扬。

为什么平均价格指数在几乎相同的位置多次出现最高点和最低点？答案是，在这些价位附近隐含着某种百分比数。

1896 年，最低点 28.50 点，加上 350%，得到 128.25 点。

1921 年，最低点 64 点，加上 100%，得到 128 点。

1929 年，最高点 386.10 点，其 1/3 是 128.70 点。

1929 年的最高点 386.10 点至 1932 年的最低点 40.56 点，这个区间的 1/4 是 126.70 点。

1932 年的最低点 40.56 点至 1946 年的最高点 213.36 点，这个区间的 1/2 是 126.96 点。

1937 年，最高点 195.59 点，其 2/3 是 130.32 点。

1937 年的最高点 195.59 点至 1938 年的最低点 97.46 点，这个区间的 1/3 是 130.17 点。

1942 年的最低点 92.69 点至 1937 年的最高点 195.59 点，这个区间的 3/8 是 130.40 点。

在这些价位附近总共出现了 8 个阻力位，而且市场曾先后在这些位置附近形成过 11 次顶部和底部，由此可见，从每一个重要的最高点或最低点计算百分比点和阻力位是多么重要。

193点～196点的阻力位

1929 年 11 月 13 日，最低点 195.35 点。

1931 年 2 月 24 日，最高点 196.96 点。

1937 年 3 月 10 日，最高点 195.59 点。

1948 年 6 月 14 日，最高点 194.49 点。

在这个位置附近曾出现过 4 个重要的顶部和底部，如下：

1929 年，最高点 386.10 点，其 1/2 是 193.05 点，这是一个非常重要的阻力位。

1921 年，最低点是 64 点，加上 200% 就得到了 192 点。

1930 年 4 月 16 日，最高点 297.25 点，至 1942 年的最低点 92.69 点，这个区间的 1/2 是 194.97 点。

1932 年的最低点 40.56 点加上其 375%，就得到了 192.66 点。

1945 年 7 月 27 日，最低点 159.95 点，1946 年 5 月 29 日的最高点

213.36 点，这个区间的 2/3 是 195.56 点。

1939 年 9 月 1 日的最低点 127.51 点，加上其 50%，就得到了 191.26 点。

1939 年的最低点为 127.51 点，1942 年，最低点 92.69 点，加上这个区间幅度的 200%，就得到了 197.15 点。

1945 年 3 月 26 日，最低点 151.74 点。这是平均价格指数在那次创出新高的行情前出现的最后一个最低点。

最后的最高点 213.36 点，其 2/3 为 192.74 点。这里一共给出了 8 个重要的阻力位，它们说明为什么平均价格指数会在这些位置附近出现 3 次重要的顶部和 1 次重要的底部。如果这场牛市持续到 1949 年或 1950 年，并突破 196 点，然后收在这个价位之上，就表示指数会继续上扬，而且还将出现一个重要的阻力位。

1941 年 12 月 7 日开始的对日作战

日本在 12 月 7 日（星期天）偷袭了珍珠港。12 月 6 日，道琼斯平均指数的最低点是 115.74 点，并收在了 116.60 点上，12 月 8 日，平均指数的最高点是 115.46 点，随后，指数一直下跌至 1942 年 4 月 28 日的极限最低点 92.69 点，因此，12 月 8 日的最高点 115.46 点极为重要，只要平均指数突破这一点，就表明股市还会大涨。

1943 年 10 月 13 日，最高点 115.80 点，指数与 1941 年 12 月 6 日的最低点和 12 月 8 日的最高点相同。1943 年 10 月 28 日，最低点 112.57 点，15 天内指数仅回调了 3 点，这说明市场的上升势头很强。

1943 年 11 月 9 日，最高点 118.18 点。平均指数已经突破了 1941 年 12 月 8 日的最高点，表明市场将进一步走高。之后的调整中，指数跌到了 12 月 24 日的最低点 113.46 点，在 45 天内下跌不到 5 点，不低于战争爆发时的最低点 3 点，这说明市场的支撑良好，指数将会走高。平均指数持续上涨，至 1945 年 2 月突破了 127.51 点，也就是 1939 年 9 月 1 日德国发动战争时的市场最低点。

1945 年 5 月 6 日，德国投降，平均指数继续上扬。6 月 26 日，指数到达最高点 169.15 点，高出 1938 年的最高点 10 点，而且突破了 158 点～ 163 点间的所有阻力位，因此绝对是指数大涨的信号。

1945 年 7 月 27 日，最低点 159.95 点，31 天内指数下跌了不到 10 点，并收在了强阻力位上方，这说明指数还会上扬。

1945 年 8 月 14 日，日本投降。平均指数在 8 月 9 日到达最后的底部 161.14 点，这使 159.95 点和 161.14 点成为重要的支撑位，因为它们出现在战争结束时，而且指数收在了 1938 年的最高点之上，这个点位已经支撑住了 3 次不同的下跌，使它们没有触及 160 点。

以上所有例子都证明了从重要的顶部和底部计算出的阻力位和百分比点有多么重要，它可以帮你预测出下一个顶部或底部的出现位置。我们应该将所有的时间规则、3 日图和 9 点波动图结合运用以便预测未来买卖点的时间和价位，要像分析平均指数时那样运用所有的规则来解析个股。

158点～163点的阻力位

下面的这些记录说明这些价位对于用极限最高点和极限最低点来表示的顶部和底部的重要性。

1937 年 6 月 14 日，最低点 163.73 点[①]。

1938 年 11 月 10 日，最高点 158.90 点。

1939 年 9 月 13 日，最高点 157.77 点。

---

① 原文为"163.75 点"。——译者注

1945 年 3 月 6 日，最高点 162.22 点。

1945 年 7 月 27 日，最低点 159.95 点。

1946 年 10 月 30 日，最低点 160.49 点。

1947 年 5 月 19 日，最低点 161.38 点。

1949 年 6 月 14 日，最低点 160.62 点。

这些价位附近总共出现了 3 个最高点和 5 个最低点[①]。1946 至 1949 年的最后 3 个重要的底部均出现在这些价位附近，市场在此都获得了支撑并反弹。下面我们给出的指数百分比数说明了这些价位附近出现支撑位或买入点，以及阻力位和卖出点的原因。总是有数学证据证明为什么市场的顶部和底部会在这些位置附近出现这么多次。

从 1896 年的最低点 28.50 点到 1929 年的最高点 386.10 点，这个区间的 3/8 是 162.60 点。

1921 年的最低点 64 点加上其 150% 是 160 点。

1932 年的最低点 40.56 点至 1937 年的最高点 195.59 点，这个区间的 3/4 是 156.84 点。

1932 年的最低点 40.56 点加上其 300% 是 162.24 点。

1932 年 9 月 8 日的最高点 81.39 点加上其 100% 是 162.78 点。

1933 年 10 月 21 日的最低点 82.20 点加上其 100% 是 164.40 点。

1938 年 3 月 31 日的最低点 97.64 点至 1937 年的最高点 195.59 点，这个区间的 5/8 是 158.90 点，这正好是 1938 年 11 月 10 日的最高点。

1939 年 9 月 1 日的最低点 127.51 点至 1942 年 4 月 28 日的最低点 92.69 点，这个时间段的起点是第二次世界大战爆发的时间，终点是随后出现的极限最低点，期间指数跌幅为 34.82 点，加上 127.51 点，就得到了 162.33 点。

1945 年 3 月 26 日的最低点 151.74 点至极限最高点 213.36 点，这个区

---

① 原文为 "4 个最高点和 4 个最低点"。——译者注

间的 1/8 是 159.47 点。

1946 年，最高点 213.36 点，这个指数的 75%[1] 是 160.02 点。

这里列出了 10 个阻力位，并证明了为什么市场会 8 次在这些指数附近见顶或见底。1949 年 6 月 14 日指数第 3 次到达这个位置，以及到 7 月 18 日撰写本文为止指数反弹至 174.40 点这些事实均说明指数处于强势，但如果指数收在了 160 点以下，就是市场下跌的信号。因为这将是指数第 4 次到达这个价位，而且根据我们的规则，指数必将继续下跌。

---

① 原文为 25%。——译者注

第十章
纽约证券交易所的成交量及股市回顾

这些成交量是对《新股票趋势探测器》第81页内容的延续，它将我对成交量的研究往前推进到了1949年6月30日。

从1932年7月8日开始的牛市一直持续到了1937年3月10日，在这个区间内平均价格指数上涨了155点。

1936年，纽约证券成交量逐渐放大，其中尤以1月和2月为最。1938年全年的成交量达到了496 138 000股。

1937年，1月、2月和3月的成交量很大，其中1月份的成交量更创下全年最高。自3月起，市场开始下跌后，成交量逐步萎缩到了8月份的17 213 000股。10月份指数大突破，成交量随之放大到了51 000 000股以上。1937年全年的成交量是409 465 000股，对比1936年，大幅度减少。

1938年，指数在3月31日到达最后的底部，与1937年的顶部间隔时间为1年多一点，这轮熊市的总成交量是311 876 000股。

1938年4月～1938年10月，指数在这个小牛市中上扬了61点，成交总量为208 296 000股。10月，成交量放大到了41 555 000股，这不仅是当年最大的成交量，也是自1937年3月以来最大的月成交量，它表明大家在市场上涨时已经买入过度，所以股市即将见顶。正如我在新作《江恩华尔街45年》中解释的那样，平均价格指数果然在此遭遇到了阻力位。

从1938年11月的最高点开始，指数一路跌到了1939年4月11日，跌幅达39点，期间成交量111 357 000股。1939年3月的成交量是24 563 000股，而且在4月份继续减少，并在6月份萎缩到了年度的最低点。

1939 年 5 月～1939 年 9 月，指数共上涨了 37 点，这一时期成交量是 117 423 000 股。9 月 1 日战争爆发，从这一天至 13 日指数上扬了 30 点，9 月份的成交量是 57 089 000 股。这是自 1937 年 1 月来的最大月成交量，这说明大家在股市上扬时买入过度，而内幕人士则正在抓紧抛售。指数未能突破 1938 年 11 月 10 日的最高点，这是头部的信号，也是一个卖点。大成交量往往意味着头部将到来。

1939 年 9 月～1942 年 4 月 28 日，平均价格指数下跌了 64 点，总成交量为 465 996 000 股，并在 1940 年和 1941 年继续萎缩。至 1941 年，成交量已从 1936 年的 496 138 000 股萎缩至 170 604 000 股，这说明套现的压力已经进入尾声。在 1942 年的 2 月份、3 月份和 4 月份，成交量大约是 800 万股或略少一些，这意味着抛压结束，市场正处在底部区域。

1942 年 5 月～8 月，月平均成交量继续低于 800 万股，这说明套现盘中已有少量买盘开始介入。这一年的末期成交量开始放大，但 1942 年全年的成交量依然是许多年中最低的，仅有 125 652 000 股。

1943 年，成交量暴增至 278 000 000 股。

1944 年的成交量为 263 000 000 股。

1945 年，市场继续上扬，总成交量达到了 375000 000 股，是 1938 年以来成交量最大的一年，巨大的成交量也说明牛市已接近尾声。

1946 年 1 月，成交量 51 510 000 股，创下自 1937 年 3 月以来最大的单月成交量，它表明股市顶部即将出现。从 2 月初的最高点开始，平均价格指数仅上扬了 5 点，便到达了 1946 年 5 月 29 日最后的顶部。

这轮大牛市时间起始于 1942 年 2 月 28 日，在 1946 年 5 月 29 日结束，股指总计上扬了 120 点，总成交量 1 001 790 000 股。在牛市的最后一年放出巨大成交量，说明这轮行情已近尾声。

1946 年 6 月～10 月 30 日，平均价格指数下跌了 53 点，成交量为 136 955 000 股。这是一场短时间内的大跌，而 6 月、7 月和 8 月成交量一直徘徊在 20 000 000 股左右。

9 月，当市场向下快速破位时，成交量超过了 43 000 000 股；10 月，市场跌至底部，成交量只有 30 000 000 股，此后，成交量继续萎缩。

1946 年 10 月 30 日～1947 年 2 月，指数总共上涨了 27 点，成交量稍稍超过 1 亿股。

1947 年 3 月～5 月 19 日，市场下跌了 27 点，成交量为 60 576 000 股。当市场跌至 5 月份的最低点时，成交量萎缩到了 20 000 000 股，这说明市场的套现压力并不大。

1947 年 5 月 19 日～7 月 25 日，平均价格指数下跌了约 28 点，总成交量为 42 956 000 股。仅 7 月份一个月的成交量就有 25 473 000 股，是当年最大的单月成交量，这说明股民们又在逢顶部买入，因此调整必将出现。

1947 年 7 月 25 日～1948 年 2 月 11 日，平均指数下跌了大约 25 点，总成交量是 139 799 000 股。2 月份的成交量低于 17 000 000 股，创下几个月以来的最低纪录，此时的市场变得异常沉闷，波幅狭窄，而且交投清淡，这一切都说明市场卖压并不沉重，反弹必将出现，尤其是因为平均指数获得的支撑位要比 1947 年 5 月的高。

1948 年 2 月 11 日～1948 年 6 月 14 日，市场出现了一波 30 点的上升行情，总成交量 131 296 000 股。2 月份的成交量略低于 17 000 000 股，而 5 月份的成交量是 42 769 000 股，这也是自 1946 年 9 月以来最大的单月成交量。平均指数涨至以往卖压区时所出现的巨大成交量说明市场正在接近顶部。6 月，总成交量略少于 31 000 000 股，这说明大家已经在 5 月份大笔建仓，而买力则在市场上涨的同时逐步下降。

1948 年 6 月 14 日～1949 年 6 月 14 日，平均指数下跌了大约 34 点，总成交量 246 305 000 股。1949 年 2 月，成交量再次跌到了大约 17 000 000 股，而到 1949 年 6 月，总成交量是 17 767 000 股，与 1948 年 5 月份将近 43 000 000 股的成交量相比大幅萎缩，这代表着市场的套现盘已基本消耗完毕，再加上平均指数已经跌到了 1946 年 10 月以及 1947 年 5 月时的最低位，所以这里形成了一个买点。你可以注意到，1947 年的总成交量是 253 632 000 股，而 1948 年的总成交量是 302 216 000 股，其中大部分成交量是出现在 2 月～6 月的上升行情中。

1949 年头 6 个月的成交量是 112 403 000 股，比 1948 年上半年的总成交量少了许多。

如果市场能在 1949 年的下半年上扬，那么成交量放大的可能性就会被大大提高，并在年底时达到与 1948 年相同的水平。

要记住，研究月成交量和周成交量，并将其与其他所有的规则结合起来，这十分重要。

纽约证券交易所的月成交量和年成交量

单位：千股

	1936年	1937年	1938年	1939年	1940年	1941年	1942年
1月	67,202	58,671	24,154	25,183	15,987	13,313	12,998
2月	60,884	50,248	14,525	13,874	13,472	8,970	7,924
3月	51,107	50,346	22,997	24,563	16,272	10,124	8,554
4月	39,610	34,607	17,119	20,245	26,693	11,187	7,588
5月	20,614	18,549	13,999	12,934	38,965	9,669	7,231
6月	21,429	16,449	24,368	11,967	15,574	10,462	7,466
7月	34,793	20,722	38,771	18,068	7,305	17,872	8,375
8月	26,564	17,213	20,733	17,374	7,615	10,873	7,387
9月	30,873	33,853	23,825	57,089	11,940	13,546	9,448
10月	43,995	51,130	41,555	23,736	14,489	13,151	15,932
11月	50,467	29,255	27,926	19,223	20,887	15,047	13,436
12月	48,600	28,422	27,492	17,773	18,397	36,390	19,313
合计	496,138	409,565	297,464	262,029	207,596[①]	170,604	125,652

---

① 原文为"197,596"。——译者注

江恩华尔街 45 年

	1943年	1944年	1945年	1946年	1947年	1948年	1949年
1月	18,032	17,809	38,995	51,510	23,557	20,217	18,825
2月	24,432	17,099	32,611	34,095	23,762	16,801	17,182
3月	36,996	27,645	27,490	25,666	19,339	22,993	21,135
4月	33,554	13,845	28,270	31,426	20,620	34,612	19,315
5月	35,049	17,229	32,025	30,409	20,617	42,769	18,179
6月	23,419	37,713	41,320	21,717	17,483	30,922	17,767
7月	26,323	28,220	19,977	20,595	25,473	24,585	
8月	14,252	20,753	21,670	20,808	14,153	15,040	
9月	14,985	15,948	23,135	43,451	16,017	17,564	
10月	13,924	17,534	35,474	30,384	28,635	20,434	
11月	18,244	18,019	40,404	23,820	16,371	28,320	
12月	19,528	31,261	34,150	29,832	27,605	27,959	
合计	278,738	263,075	375,521[①]	363,713	253,632	302,216	112,403

---

① 原文为 "375,510"。——译者注

第十一章
15种公用事业股平均指数

在罗斯福执政期间，由于政府千方百计进行压制，公用事业一片萧条。自从罗斯福总统卸任后，随着时代的发展，公用事业已获得了公平的待遇，而且前景光明。下面我们来回顾一下 1929 年至今的公用事业股平均指数历程，这会非常有趣（请参阅本书后的走势图）。

1929 年 9 月，最高点 144.5 点；11 月，最低点 64.5 点。

1930 年 4 月，最高点 108.5 点。

1932 年 7 月，最低点 16.5 点；9 月，最高点 36 点。

1933 年 3 月，最低点 19.5 点，高于 1932 年 7 月份的最低点 3 点，说明市场向好，事实也的确如此。

1933 年 7 月，最高点 37.5 点，高于 1932 年 9 月的最高点 1.5 点。

1935 年 3 月，最低点 14.5 点，比 1932 年和 1933 年的最低点都要低，这代表着市场的套现压力即将消失，随后就会出现一轮涨势，事实的确如此。

1937 午 2 月，最高点 37.5 点，又回到了 1933 年的最高点，这里存在着阻力。1938 年 3 月，最低点 15.5 点，高于 1935 年的最低点 1 点。

1939 年 8 月，最高点 27.5 点，仍低于 1937 年 8 月份的最低点，说明大势向下，指数继续下跌。

1942 年 4 月，最后的最低点 10.5 点。市场在一个狭窄的交易区间内运行了几个月后最终突破了 1942 年 6 月和 1942 年 10 月的最高点，这代表趋势将会向上。市场继续上扬，直至 1945 年，平均价格指数已经连续突破了 1933 年、1937 年和 1939 年的最高点。

1946 年 4 月，最后的最高点 44.5 点，正好与 1932 年 2 月的最高点相同，这里是一个自然的阻力位。

1946 年 10 月，最低点 32.5 点；1947 年 1 月，最高点 37.5 点。

1947 年 5 月，最低点 32 点；7 月，最高点 36.5 点。

1948 年 2 月，最低点 31.5 点，低于 1946 年 10 月的最低点 1 点，又回到了 1945 年 8 月相同的最低点。

1948 年 6 月和 7 月，最高点 36.5 点，指数回到了 1947 年 7 月的最高点。

1948 年 11 月和 12 月，最低点 32.5 点，相对 1948 年 2 月的底部有所抬高。

1949 年 4 月和 5 月，最高点 36.5 点，回到了过去的头部区域。

6 月 14 日，最低点 33.75 点，高出 1948 年 12 月的底部很多，说明市场获得了良好的支撑。只要平均指数能稳定在 33 点上，它就可以继续上扬，而如果指数突破 36.5 点，就说明它处于强势。如果指数能收在 38 点以上，即高于 1947 年的最高点，那么它就可能涨到 44.5 点，也就是 1946 年的最高点。公用事业股平均指数的走势要比铁路股平均指数强，甚至强于工业股平均指数。在下一个牛市到来时，这个板块将领涨大盘。公用事业股平均指数只有跌破 31.5 点时，才会继续走低。

对于平均价格指数的转势来说，1949 年 8 月这个日期尤为重要，如果那时它能突破头部，并表现出向上的趋势，就可能会一直涨到 1950 年的春天。

巴伦航空运输股平均指数

这批股票绝对会成为未来的领涨股，为了进行长期投资，你有必要研究该板块之中的每一家公司。回顾航空运输板块的平均价格指数非常重要，它能告诉你航空公司未来的市场趋势。

1937 年 1 月，最高点 27.75 点；1938 年 3 月，最低点 7.5 点。

1940 年 4 月，最高点 34.5 点；1942 年 4 月，最低点 13.5 点。

1943 年 7 月，最高点 43.5 点。1943 年 12 月，最低点 32.5 点。

指数在 1943 年 12 月正好处在 1940 年 4 月的最高点之下，说明市场处于强势，所以随后就出现了一轮快速上扬的行情。

1945 年 12 月，最高点 91.5 点；1947 年 1 月，最低点 37.5 点。

1947 年 4 月，最高点 46.5 点。1947 年 12 月，最低点 30 点，甚至低于 1943 年 12 月的最低点，表明市场会先上扬回补这个底，然后再跌到低于这个底的价位。

1948 年 4 月，最高点 39.25 点；1948 年 11 月，最低点 25.5 点。

1949 年 3 月，最低点 25.75 点；1949 年 6 月，最低点 32.09 点。

指数站在了 1948 年 11 月的最低点之上，说明市场处于强势，随后便出现了一波反弹。

看着航空运输板块平均指数的底部在过去的几年里逐步抬高，这让人感觉十分有趣。

1938 年，股指最低点为 7.5 点；1942 年，最低点为 13.5 点；1948 年，最低点为 25.5 点，而到了撰写本文时的 1949 年 6 月，最低点是 32.09 点。指数的底部在过去的几年中不断上升，或底部逐渐抬高，这是今后指数必将走高的信号。我认为，航空运输板块必将领涨下一轮牛市，而在这个板块中，我最看好的领涨股是美国航空公司（American Airline）、泛美航空公司（Pan American Airways）、西北航空公司（Northwestern Airways）、东方航空公司（Eastern Airlines）和大陆运输公司（Transcontinental）以及西方航空公司（Western Airlines）。如果非要让我从这些公司中选出两家在我看来最好的，那么我会选择东方航空公司和泛美航空公司。这些公司历来管理出色，盈利状况良好，所以会成为未来的领涨股。我认为，在不久的将来，大航空公司兼并实力较弱的小航空公司将成为一种趋势，而且最终会产生三至四家控制全美国的大航空巨头。如果兼并出现，航空业的收益必将大幅上升，所以他们将迅速成长起来，而那些买进航空公司股票并持有的人也将从他们的投资中赚得盆满钵满。

小盘股

在过去的几年当中，每当牛市出现，流通盘小的股票就会远超过那些流通盘大的股票，表现出惊人的涨幅。支配小盘股的供需要求的资金量相对较少，所以，当卖方惜售，它们的供给减少时，无需太多购买力就可以推动股价上扬。

乐趣制造公司

乐趣制造公司（Joy Manufacturing Company）历史悠久，实力雄厚，他们一向管理有方而且未被市场高估。1949 年，它的盈利大增，前景极佳。极为可观的盈利加上该公司的流通股小于 100 万股，在牛市中可能大幅上扬。我们在此回顾一下它的历史走势：

1941 年 9 月，最高价 14 美元。

1942 年 8 月，最低价 7.5 美元。

1943 年 6 月和 7 月，最高价 12.5 美元。

1943 年 12 月，最低价 9.75 美元。

1945 年 5 月，最高价 30.25 美元。

1945 年 8 月，最低价 22.75 美元。

1946 年 4 月，最高价 34 美元；10 月，最低价 18.25 美元。

1947 年 l0 月，最高价 40.5 美元。这是该股截至当时的最高价位。这个价位远高于 1946 年的顶部，由此判断这只股票应该正处于处于强势。

1948 年 2 月，最低价 31.5 美元，仍然在 1945 年 5 月的最低价之上。

1948 年 6 月，最高价 43.5 美元，这是个比 1947 年 10 月的最高价高 3 点的新高。

1948 年 9 日，最低价 30.5 美元，股价在 1945 年 5 月的同样价位上获得了支撑，而且比 1948 年 2 月的最低价低 1 点。

1949 年 3 月，最高价 40 美元，正好低于 1947 年的最高价。

1949 年 6 月，最低价 31.5 美元，与 1948 年 2 月的价位相同，而且比 1948 年 11 月的最低价高 1 点。只要这只股票站在了 30.5 美元之上，它就可以继续上扬，而突破 36.5 美元说明它的走势更强，而且在任何时候，它报收在 40.5 美元之上，就说明它将获得更高的目标位；可能会涨到 43 或 43.5 美元以上。你应当买这样的股票，同时不要忘记设置止损单来保护资金安全，一旦趋势反转向上时，它就会给你带来巨大的利润。

第十二章
股市的看跌期权、看涨期权、认股权和权证

许多人不知道什么是看跌期权（Puts），什么是看涨期权（Calls），也不知道怎样买入和卖出期权，这里我来为大家解释一下：看涨期权指的是以 30 天、60 天、90 天或 180 天为期限，以某个固定价格买入某只股票的权利。根据股票的价格和市场情况，你将支付 140 美元～250 美元作为期权费（Premium）。在看涨期权上，你损失的最大限度是你为此支付的费用，这在从你买进的那天起至期权到期日都是如此。例如，假设你买入了美国钢铁公司（United States Steel）的执行价格为 22 美元的 6 个月到期的看涨期权，并支付了 140 美元的期权费，那么，无论美国钢铁公司在 6 个月的时间里如何下跌，你最多只损失 140 美元的期权费，但是，如果什么时候美国钢铁公司上涨至 30 美元的价位，你就可以按 30 美元卖出这只股票，最后你得到的利润就是 800 美元减去期权的成本和佣金。

如果你手中持有一手美国钢铁公司的看涨期权，而且该股已经从 22 美元涨到了 26 美元，你已经从中获利，但你认为它可能不会再继续上涨了，那么你还有另一个选择：做空 50 股，这能让你获取一笔小小的利润。而如果股价继续上扬，你可以用手中的 50 股多头仓位赚钱。反之，假设股价跌到了 23 美元，而你认为这个股价已经跌得足够低了，于是就回补 50 股的空头仓位，到此每股就赚了 3 美元，那么，即使这只股票又重新上涨，并在期权到期日前涨到了 30 美元或更高，你仍然可以获得全部 100 股股票所带来的全部利润。

购买看跌期权或看涨期权还有另外一个目的，那就是保护投资。假如

说你是美国钢铁公司股票的多头，而此时该股股价大约是 22 美元，而你认为在今后几个月内它会跌至 16 ～ 15 美元，因此你要避免损失，所以你购买了看跌期权，并支付 140 美元的期权费。与此同时，美国钢铁公司的股价跌到了 16 美元，那么你以这个价格交割，你在股票多头位上的损失就仅限于期权费。而且，在交割空头的同时，你还可以买进这只股票，这样你就可以在持仓成本大大降低的情况下仍然做多头。

看跌期权

看跌期权是指在期权合约的有效期内，以固定价格交割或者卖出 100 股或更多股票的权利。不管这个有效期是 30 天、60 天、90 天还是 6 个月。假定克莱斯勒（Chrysler）的当前股价为 50 美元，而你认为这只股票还会跌，就可以买入执行价格为 50 美元的看跌期权，有效期为 6 个月。为此，你可能要支付 187.50 美元至 200.00 美元的期权费，当然，你很有可能会将这笔期权费都赔进去，但这是你损失的上限。我们假设在这 6 个月内，克莱斯勒跌到了 40 美元的价位，那么你就可以买进股票，然后按 50 美元的执行价格交割，这样一来，你的利润就是 10 个点减去看跌期权的成本以及佣金后。如果你十分偏爱克莱斯勒的股票，而它现在跌到了每股 45 美元，而你认为股价已经足够低了，那么你还可以买进 50 股。如此一来，即使股价继续下跌，你这 50 股仍能给你带来利润，而如果股价掉头上扬，超过了 50 美元，那么这 50 股就能带给你 5 个点的利润。这就是人们常说的看跌期权或看涨期权的抵补交易（Trade Against Put and Call）。

当你买入看跌期权或看涨期权时，先要到某个股票交易所办理登记和担保。无论股票的价格涨跌多少，你都是以你买入的看跌期权或看涨期权的执行价格交割。在交易前你无需缴纳任何保证金，而且在股票交割以前，你也只需要缴纳例行的保证金。你可以从任何一个经纪人那里得到有关买入看跌期权或看涨期权所需的信息，以及根据看跌期权或看涨期权交割或接受交割时的具体情况要求缴纳的保证金数额，看跌期权或看涨期权是通过纽约的看跌期权或看涨期权经纪人进行交易的，你通常可以在任一时间获得几乎所有活跃股在 30 天至 6 个月后的报价。在我看来，看跌期权或看涨期权这类交易途径既有利可图又比较安全，因为在这个过程中你最大的损失也就是很小的一笔钱，可只要你所交易的股票涨跌趋势与你的预测相同，那么你就能得到不菲的利润。

认股权和权证

许多人并不了解认股权（Rights）和权证（Warrants），以及如何交易它们。你只需用很小的一笔钱就能买进有效期很长的权证，现在有些权证交易的有效期可以一直延续到 1955 年。

权证是一种发行在外，可以在一段固定的时间内买入某公司一定数量的股票的权利。它与同股票的看涨期权唯一不同的一点就是有效期更长。

任何纽约证券交易所注册的经纪人都能为你提供权证交易的信息，也可以为你代理交易。你会发现在萧条时期买进权证是最划算不过的，因为此时股票的价位很低，而权证的价位也很低，在牛市的末期，股票的价位很高，所以你可以在萧条时期买进低价位的权证，而在高位抛出股票。

某些希望增加股本的公司发行权证，不仅起到了保障公平控股比例的作用，而且还能在一段时间内，以管理者同意的价格出售所增发证券。

通常权证的有效期都比较长，所以，投资者和股民们其实是将其当作股票看涨期权来进行买卖的，这种金融工具有内在的高杠杆优势。

这种杠杆特征使权证成为一种投机手段，尤其是近些年来，它们的价格波动幅度远大于普通股。如果从幅度的百分比考察，这点尤其明显。

此外，只要股价的总水平在上扬，对于那些在不确定的时候进行投资的人，以及对那些只愿意进行小额投资的人来说，有些权证就十分有用，实际上，这些投资者是在买入股票的看涨期权，并为这种交易支付一笔期权费。

低风险、高利润

当你买入任何一只股票的权证时，你最大的损失是你为权证支付的期权费。权证会随着股票的上涨也一起上涨，因此你可以不必买入股票或执行你的权证，就能从权证上赚钱。

接下来我们来看一些通过买进权证获利的例子。

三角洲公司

三角洲公司（Tri-Continental Corporation）是一家普通的信托投资管理公司，它的股票交易一直十分活跃。1941 年和 1942 年，其权证的价格低到每份 3.2 美分，而在 1936 年，其售价曾高达 5.375 美元。如果你在 1941 年或 1942 年投资 1 000 美元买进这只权证，那么你就会拥有 32 000 份权证，然后在 1946 年以 5 美元的价格卖掉，那么它们将值 16 万美元，也就是说，你在 4 年内用 1 000 美元赚了 15 000 美元，当然还要记得减去佣金。

梅里特–查普曼&斯科持公司

梅里特 - 查普曼 & 斯科持公司（Merritt-Chapman&Scott）是美国领先的承包商之一，它承接国内外各种建筑工程，它的普通股交易十分活跃，并且每年还派发 1.60 美元每股的红利。

在 1938 年、1939 年、1940 年、1941 年、1942 年和 1943 年，其股票权证曾跌至每份 0.25 美元和 0.375 美元。而到了 1946 年，权证却卖到了 12.5 美元。如果你在这种权证卖 0.25 美元的时候投资 1 000 美元，就可买到 40 000 份权证，然后在 1946 年以 12 美元的价格卖出，那么它们将价值 48 000 美元，也就是说，你用 1 000 美元的投资获取了 47 000 美元的利润。

大力神公司

大力神公司（Atlas Corporation）是一家从事投资、信托和控股的公司。

1941 年和 1942 年，其股票权证仅卖每份 0.25 美元，即 25 美分。而到了 1946 年，其售价则高达每份 1.625 美元。如果 1942 年在这种权证卖 0.25 美元的时候投资 1 000 美元，就可以买到 4 000 份权证。然后在 1946 年初，以 13 美元的价格卖出，那么，总值可达 52 000 美元，也就是说，用 1 000 美元的投资可以带来赚上 51 000 美元的利润。

上面所列举的这些利润并不是特例，其他不同类型的股票权证也同样可以让你获利丰厚。

下面我们给出了一份清单，记录的是在纽约证券交易所和纽约场外交易所中交易活跃的权证和认股权，截止日期大约为 6 月 30 日。

纽约证券交易所和纽约场外交易所的活跃权证

有价证券	股票与权证的可比价格		时下价格（美元）
	年度	价格变动区间（美元）	
百瑞尔公司 　股票 　权证（1950年1月1日每份12.5美元；1955年1月1日每份15美元）	1944～1949年	19～2 11.25～0.75	2 0.75
美国与海外动力公司 　股票 　权证（任何时候都是每份25美元）	1929～1949年	199.25～0.25 174～0.03	1.63
大力神公司 　股票 　权证（任何时候都是每份25美元）	1936～1949年	34.38～5.75 13.63～0.25	20 4.38
科罗拉多燃料与钢铁公司 　股票 　权证（1950年2月1日每份17.5美元）	1936～1949年	25.88～4.25 12.25～0.25	12.25 0.88
联邦与南方公司 　股票 　权证（任何时候都是每份30美元）	1930～1949年	20.25～0.13 6.25～0.005	3.5 0.06
电力与照明公司 　股票 　权证（任何时候都是每份25美元）	1926～1949年	103.25～0.63 78.12～1.06	24.75 8.25
哈斯曼与莱戈尼尔公司 　股票（1947年7月一分为二） 　权证（1950年5月15日每份8.45美元）	1945～1949年	18.25～9 14.75～3.25	10.25 4
梅里特—查普曼与斯科特公司 　股票 　权证（任何时候都是每份28.99美元）	1936～1949年	27.75～1.25 12.5～0.25	18.12 4.5～5.5

续表

有价证券	股票与权证的可比价格		时下价格 （美元）
	年度	价格变动区间 （美元）	
尼亚加拉哈得逊公司 　股票 　权证（任何时候都是每份42.86美元）	1937～1949年	16.88～0.88 3.38～1.03	9.5 0.19
三角洲公司 　股票 　权证（任何时候都是1.27份17.6美元）	1930～1949年	20.25～0.63 9～0.03	6.25 2.12
美国联合公司 　股票 　权证（任何时候都是每份27.5美元）	1930～1949年	52～3.06 30.88～0.005	3 0.12
沃德面包公司 　股票 　权证（1951年4月1日每份12.5美元；1955年4月1日每份15美元）	1945～1949年	19.88～8.75 9.12～2.75	12 2.75

第十三章
新发现与新发明

历史上，每次萧条之后，总会出现某种新发现或者新发明来刺激经济发展和社会进步，并带来另一次新的繁荣昌盛。比如，富尔顿发明的蒸汽机和惠特尼发明的轧棉机就都开启了人类发展的新时代。

1849年，加利福尼亚传来发现金矿的消息，引发一轮繁荣的浪潮景象。自那时起，铁路深入到了美国的中部和西部地区，这种新的运输方式带来了巨大的社会进步。

圣经告诉我们，旧的走了，新的会来取而代之。运河船以及公共马车已经让位于铁路这种新的运输方式，此后还出现了许多新发现、新发明以及新的炼钢工艺，美国因此成为一个工业国家，取得了巨大的进步。20世纪初，汽车的发明与汽车工业的发展使运输方式产生变革，并启动了新一轮给成千上万人带来就业机会的繁荣浪潮，随后又出现了一波化学上的发现与发明浪潮，人造纤维和其他化工产品增进了社会的进步与繁荣。就像我们在本章开头所说的，当一切百废待兴时，某种新发现或新发明总能引发经济上的复苏以及另一轮繁荣兴旺。

莱特兄弟发明的飞机引发了另一轮繁荣浪潮，它使运输速度获得了前所未有的提高，让全世界人民为了共同的和平和发展紧密团结在了一起。将来，飞机能否带来更大的繁荣仍有待考察，但是它在各个运输领域内的作用正日益增强，而且它的机会是无限的。目前飞机的使用仍受困于如何获得更便宜的和更轻便的燃油这一难题，不过，这个问题迟早会得到解决。当飞机的燃油载荷下降，并变成有效载荷时，对于快递、货物和乘客来说，航空运输就将成为世上最便宜，也最快捷的运输方式。这将有助于革新经济，并带来另一轮社会繁荣浪潮。

原子能

1945 年，美国通过使用自己研制的原子弹赢得战争胜利。原子弹以许多人的生命为代价给日本造成了巨大的破坏，但同时它也缩短了这场战争，拯救了无数本会因为战争的拖延而可能失去的生命。原子能开发利用的巨大潜力可能超乎普通人的理解。原子能的出现可能正好解决了航空业发展所面临的大难题。它能给飞机提供廉价的燃料，并通过将现在的燃油负载转变为有效负载而极大地减轻飞机的重量，这不仅可以提高飞行速度，还可以增加货物和乘客的装载量。因为核燃料能以有限的体积储存更大的能量，它可以给乘客和货物以更大的空间。原子能技术一旦完善到比人类所发明的其他燃料都便宜，那么它就可能被大量生产。这将会使航空运输业发生革命性变化，并有助于带来更大的繁荣。不仅是原子能，太阳能和风能都可能在将来成为廉价的能源，并使制造业的各个领域都产生变革。这可以降低产品的成本，使消费者从中得益。以同样的钱能够获取更多的商品，这就增强了消费者的购买力。众所周知，当商品的成本降低的时候，消费就会增加。当物价在我们的可承受范围内时，我们总是尽量满足自己的购物愿望。原子能是未来廉价能源的关键，而这项新发明给人类带来了意想不到的多种可能。

第十四章
历史上的那些大炒家

现在，我们来一起回顾一下发生在 1893 ～ 1896 年的那场横扫全国的大恐慌，也是人们公认的美国历史上最糟糕的时期之一。当时棉花在南方仅卖每磅 3 美分，小麦和其他商品的价格也很低，我至今仍记得当时报纸上报道的囤积居奇事件，那是我第一次接触到这个词。芝加哥的莱特（Lighter）通过囤积小麦哄抬粮价，把小麦的价格从每蒲式耳 1.00 美元抬高到了 1.85 美元，并因此而聚敛了巨额利润，但最终还是破了产。从历史上的大炒家那里，我们能够吸取古老而宝贵的经验教训。莱特之所以会失败是因为他缺乏对市场变化的洞察力，他不相信会有足够多的小麦涌入芝加哥市场进而使小麦的价格降低，而阿默（Armour）显然比莱特料想得要聪明，他用特快列车运进小麦，破坏了莱特的囤积居奇计划，所以莱特破了产。没有人能预知意外的出现，而正是这种意外可以使人损失惨重，将挣来的钱又赔出去，因此，我们必须从他人的错误中吸取教训，不要再犯同样的错误。实际上，大多数炒家亏钱的真正原因是他们失去了均衡感，他们过于迷信金钱的力量，妄想通过囤积垄断市场来获取暴利，可最终，垄断引发的物价高涨不仅坑了消费者，投机商们也同样难逃厄运，最后纷纷破产。

1903 ～ 1904 年，当萨利（Sully）在棉花市场中奋力搏杀的时候，我也在。萨利通过买进棉花迅速积累起了一大笔财富，但他却重蹈了很多大炒家的覆辙：那就是因一时的成功而盲目自信，过于高估自己，所以他开始拉抬棉花的价格，最终结果是萨利爆了仓，宣告破产。

西奥多·普莱斯（Theodore H. Price）是那个时代的另一位棉花大炒家，也犯了同样的错误：他过度的买入，而且对突发事件估计不足，所以也破了产。不过值得纪念的是，我们必须承认，普莱斯之后东山再起的经历是史无前例的，他不仅挽回了自己的巨额损失，还还清了所有的债务。

另一个与萨利有类似经历的大炒家是尤金·斯凯勒斯（Eugene Scales）。他在棉花市场中以区区几百美元起家，然后赚取了数百万美元利润，最终却落得破产出局的下场，究其原因，是因为他对权力的贪欲以及妄图操纵市场的野心导致的，这与以前那个在市场中的小心谨慎的他简直判若两人。当一个人手里只握有少量资金时，往往采用一种判断方法，而且小心谨慎，而当他聚敛了大笔财富以后，就开始采用另一种截然不同的方法。斯凯勒斯是个坚定的多头，他从未想过会出现什么意外，也从未想过市场终会见顶，他不断买入棉花，希望而且一味地相信棉花的价格会持续走高，最终不出意料地落得破产的下场，在贫困中黯然离世。

杰西·利弗莫尔（Jesse L. Livermore）是那个时代最大的投机商之一，他在股票市场和商品期货市场中赚了成百上千万美元。他有过好几次破产经历，每次都受到彻底清算，而且有几次他在破产清算后还要继续偿还债务，但利弗莫尔是个正直的人，即使他被破产法庭释放后，人们仍相信他能还债。1908 年我第一次与利弗莫尔见面，再见面时是 1913 年，当时他是默里·米切尔公司（Murray Mitchell & Company）的经营者，后来这家公司倒闭了，我因此赔得一干二净。1917 年，当利弗莫尔东山再起并赚到一大笔钱后，他归还了包括我在内的所有人因默里·米切尔公司而损失的钱，这是件光荣的事。而且因为利弗莫尔这种正直、诚实的高尚品格，所以当 1934 年他再次破产时，我不仅自己出钱，还说服他人一起集资帮他渡过了难关，后来利弗莫尔再次卷土重来，而且又赚到了钱。但是利弗莫尔有一个很大的一个弱点，那就是他只学习如何赚钱，其他一概不管，所以，他从不学习如何保存资金。他贪心，权力欲强，所以一旦赚到一大笔钱就开始进行冒险投机，而且总是试图让市场追随自己的意愿，而不肯耐心等待市场自然地转势。利弗莫尔一次又一次的发了大财，可最终还是破了产，最后他选择了自杀作为自己的归宿。为什么一个像利弗莫尔那样已经赚取了巨额利润的人最终却保不住自己的财产呢？答案是，因为每次他都同样贪心，同样欲图权力，希望成为大人物并操纵市场，他要支配一切，而没有料到天有不测风云，但意外确实出现了，最终只能落得倾家荡产。

E. A. 克劳福博士也是一位著名的大投机家，同样也是多次赚取巨额利润然后又赔得精光。1932 年他以几千美元的本钱东山再起，而且赚钱速度可能比市场上其他投资者都要快。据说，在 1933 年市场处于高位时，他已经赚了高达 3 千万～ 5 千万美元的账面资产。他买进所有的食品期货，不仅在美国，在国外他也深深介入了股票市场。结果，1933 年 7 月 18 日，所有商品期货市场突然崩盘，克劳福博士输了个精光。为什么一个像他这样一个大富翁却会爆仓？答案其实很简单：因为他没想到意外的出现，竟然有人可以抛出他买不完的谷物和商品期货。他认定这些商品的价格可以没有任何调整地上扬，而且必须如此。结果，他将"谨慎"二字抛到了九霄云外，不断地买进，直至末日来临才被迫平仓，完全忘记了他用微薄的资本起家时所遵行的规则，最后违背投资规则只会导致一种结果——失败。像其他所有炒家一样，他犯了过度交易的大忌。过度交易，将谨慎忘得一干二净，从不考虑会出现意外，这是所有投机炒家最容易犯的错误。

新近的一个重要的市场大炒家是新奥尔良的乔丹（Jordan），但他还不能算是史上最大的炒家。据报道，他在 1946 年前以 300 美元的本钱起家，通过在棉花市场中的交易而聚敛了巨额财富。但他同样没能逃过上述的命运，最终也是以破产收场。他为什么也会破产呢？因为他相信棉花的价格会不断上涨，他看不到任何顶部，也不懂得锁定利润。我听说乔丹曾对别人说，他认为棉花会涨到内战时期的每磅 1.89 美元的高价。他显示是不记得了，要么是根本不懂供求关系规律。他和他的追随者们一起不停地买进。所以，最后当大家都要抛售时，却发现所有人都成了卖家，根本就没有买家。1946 年 10 月 9 日，10 月份的棉花合约从最高点 3928 点开始滑落，在不到一个月的时间里就跌到了 1946 年 11 月 7 日的 2310 点。不但乔丹赔了精光，他的追随者也损失了成百上千万美元，甚至美国政府出面干预都无法阻止棉花市场的下跌。最后，为了救市，美国政府、证券交易机构和其他炒家不得不请出了安德森（Anderson）和克莱顿（Clayton），让他们承接了乔丹及其追随者手中的棉花合约。与其他所有大炒家一样，乔丹也没有研究过市场，不知道棉花价格上涨到多少时就代表着出现了异常。如果他能仔细研究一下以往战时，尤其是第二次世界大战时的棉花价格，他就会发现，每磅 43 美分，7 月期权 4375 点，早已处于非正常的价位。再者，如果他回顾一下 1923 年的棉价，就可以发现棉花曾在 11 月 30 日在 37.5 美分左右的水平上见顶，并可以从这些记录中了解到每磅 37.5 美分 ~ 39 美分是非正常价位，而这种情况往往在产生畸形价格的战时出现。如果他曾认真考虑这些因素，那么不仅能卖出棉花的多头合约，及时保护盈利，还能做空头再获取一笔丰厚利润。如果他懂得市场的规则和基本原理，那么就能知道最后几周棉花价格涨势微弱代表着有人正在无限量地做空，而且还能够脱身的时候开始放空。但是人类最大的敌人——希望，使他一直持仓直至大厦将倾。所以他也没能摆脱其他炒家的命运，因为形势的发展超出了他的预料，别人抛出的空单数量比他能买的要多得多。而公众的跟风热潮也成了压垮骆驼的稻草：大家在很大程度上都跟着他做，当他打算退出时，追随者们也一起跟着退出。

　　一个普通人、投机者，投资商或交易者，可以从历史上那些曾聚敛了无数财富转头又统统输掉的大炒家身上学到什么？他可以学到的教训是这些大炒家为什么会失败，以及他们违背了哪些市场规则，以避免自己走上同样的道路，以此来获得赚钱并保住盈利的机会。他要学习的最大的也是最重要的是不要过度交易，其次，要学会使用止损单，一份能够在某个价位上自动成交的止损单不但可以保护本钱，还可以保住盈利。他应当按事实进行交易，消除希望和恐惧，这是交易者的大忌，如果一个人仅凭主观愿望买入并持仓，那么最终他只会在最恐惧的时候才平仓，到那时一切就都来不及了。

世事无法尽如人意，但我们必须直面事实，任何想要在股票和商品的交易中取得成功的人，必须消除希望。一个人必须记住市场趋势的变化，而且他要懂得随机应变，为了获得成功，还要学习在过去的市场中总结出来的交易规则，并在未来的市场操作中加以应用。

上述我们列举的大炒家们都有相似的经历：都曾赚过大钱，然后赔得精光。但凡事总有例外，有些人不仅赚到了钱，还成功保存了胜利果实，而他们的秘诀就是遵循正确的市场规则。

那些既赚了钱又保存了胜利成果的大炒家都是谁呢？伯纳德·布鲁克（Bernard Baruch），这位已经退休的老人，至今仍拥有数百万美元的家产，这其中绝大部分是他依靠股票市场中的投资和投机赚来的。本·史密斯（Ben Smith）是在近几年中崛起的另一位炒家，他也赚到了钱并成功守住了钱。另一位大炒家伯持·卡斯特里斯（Bert Castles），直至去世也没有把赚来的钱赔回去。想知道卡斯特里斯是怎么做到这点的吗？原来，卡斯特里斯在建仓的时候，总会在离买入或卖出价位5点处设置止损单。如果他判断失误，不会有过多的损失；如果他判断正确，账面利润就会不断增长，直到他找到确实的理由将这些利润变现。

每个成功的投资者都有确定的计划和规则，并会严格遵守。如果你也渴望成功，首先要做的，就是学习正确的规则，然后执行它们。

我可以说出很多既赚到了大钱又保住了胜利果实的成功炒家的名字。同那些赚了大钱然后输个精光的投机分子相比，这些人所遵守的交易规则有哪些不同之处呢？答案就是，这些聪明的炒家、投机商或投资者，都是遵循一定市场规则的人。他们学会了如何研判股票或商品的趋势，并在正确的时候买进；他们不会莽撞行事，知道能在何时获利；他们知道天有不测风云，他们从不过度交易；他们不会跟风操作，只会选择属于自己的恰当时机，这不是仅凭判断和猜测就能做到的。他们要严格遵循系统化的规则；从海量的信息中选出对自己有用的；遇事时刻保持谨慎且永不过度交易。这就是他们既赚了钱又能保住钱的秘诀所在。

所有投资者都应在交易的时候记住，他每一笔下单都可能出现失误，那么他怎么才能纠正错误呢？答案是设置止损单，只有这样才可以减少损失。除非一个人已经明确了他要在即将开始的交易中冒多大的风险，以及最多会赔多少钱，否则他就不应开始投机操作。因为如果不知道这些基本的规则，那么他迟早会因为意外事件的出现而爆仓。

我写此书的目的不是要把财富之路描绘成一幅轻松致富的玫瑰色画面，因为世上从没有捷径可走。我的目的是要告诉你事实，并教给你有效的实际规则。只要你能花时间好好学习这些规则，并且耐心等待合适的机会，在正确的时候进行果断的交易，就一定会取得成功。在生活中，每个人投入多少就能收获多少。只有那些愿意花费时间和金钱来获取知识，永不满足地坚持学习，绝不骄傲自满的人，才能在投机或投资中获得成功。我写本书的初衷是要本着实事求是的宗旨，将我在 45 年的股票和商品期货交易中的经验告诉你，同时，指出大家的弱点和易犯的错误，以免你在股市中遭遇灾难。

投机可以获利。如果你能遵守规则，永远意识到意外可能随时发生并有所准备，那么你就可以战胜华尔街，并在商品和股票市场中赢利。

第十五章
超跌的股票

当道琼斯 30 种工业股平均指数仅从 1946 年的最高点下跌 25% 时，许多个股已经从 1945 和 1946 年的最高点下跌了 75% 至 90%。股市往往领先经济周期 6 个月或 6 个月以上。整个行业不景气的时候，还会有股票保持上行走势吗？可以。过去曾经有过这种情况，所以今后也会有。

航空板块

这个板块的跌幅比其他几乎所有的板块都大。航空工业是一个成长性的行业。它并没有被淘汰，所以航空公司的股票肯定会上涨，而且迟早会有惊人的涨幅。它们会成为未来的领涨股。

下面是这些股票在近几年中的最高价和最低价：

美国航空公司 （American Airline）	1945年最高价95.5美元	1948年最低价6美元
贝尔飞机公司 （Bell Aircraft）	1946年最高价35.5美元	1948年最低价10.75美元
班迪克斯航空公司 （Bendix Aviation）	1945年最高价63美元	1949年最低价26美元
布莱尼夫航空公司 （Braniff Airlines）	1945年最高价37.5美元	1948年最低价6美元

东方航空公司 （Eastern Airlines）	1945年最高价134美元	1949年最低价13美元 （拆股后1946年的最高价 是31.5美元）
国家航空公司 （National Airlines）	1940年最高价41.75美元	1938年最低价4美元
西北航空公司 （Northwest Airways）	1945年最高价63.75美元	1949年最低价7美元
泛美世界航空公司 （Pan American Airways）	1946年最高价29美元	1948年最低价8美元
世界航运公司 （Trans-World Airways）	1945年最高价79美元	1948年最低价9.5美元
联合航空公司 （United Airlines）	1945年最高价62.5美元	1948年最低价9.5美元

其中，东方航空公司、泛美航空公司和联合航空公司最值得购买。

其他超跌的股票

下面这些股票已经跌到了非常低的价位，它们很可能在下一个牛市中上涨：

吉姆贝尔·布罗斯公司 （Gimbel Bros.）	1946年最高价73.75美元	1949年最低价12美元
罗克希德公司 （Lockheed）	1946年最高价45.5美元	1947年最低价10.5美元 1949年最低价16.5美元
G．L.马丁公司 （Martin, G.L.）	1946年最高价47.75美元	1949年最低价7美元
蒙哥马利监护公司 （Montgomery Ward）	1946年最高价104美元	1949年最低价47.5美元
纯石油公司 （Pure Oil）	1948年最高价42美元	1949年最低价24.625美元

飞歌无线电公司 （Philco Radio）	1948年最高价46.5美元	1949年最低价25.25美元
新泽西标准石油公司 （Standard Oil of New Jersey）	1948年最高价93美元	1949年最低价60.5美元
斯派瑞公司 （Sperry）	1946年最高价40.5美元	1947年最低价17美元
美国橡胶公司 （U.S. Rubber）	1946年最高价80.5美元	1949年最低价33美元
通用汽车公司 （General Motors）	1946年最高价80.5美元	1946年最低价47.5美元
	1947年最高价65.75美元	1948年最低价15.5美元
	1948年最高价66美元	1949年最低价51.875美元

（1943 年通用汽车的最低价是 48.75 美元。之后，指数底部逐步上移，表现出良好的支撑。所以，除非通用汽车跌破 51.875 美元并收在这个位置下面，否则它仍处在上升的状态。1947 年和 1948 年，通用汽车做了个双顶，所以如果通用汽车收在了 66 美元以上，就预示着这只股票将大涨。）

特别推荐的股票

艾德摩罗公司 （Admiral Corporation）	1945年最高价22.5美元	1947年最低价6美元
	1948年最高价22.625美元	1948年最低价7美元
	1949年最高价20.25美元	1949年最低价14.75美元

（这家公司管理优良，净利润丰厚，公司股票在 1949 年的下跌行情中获得了良好的支撑，因此有走高的可能，尤其是当牛市到来的时候。）

哥伦比亚电影公司 （Columbia Picture）	1945年最高价45.5美元	1948年最低价7.5美元
法尔提公司 （Consolidated Vultee）	1946年最高价37美元	1948年最低价7.75美元

自 1942 年以来，哥伦比亚煤气公司（Columbia Gas）的底部每年都在抬高。

电力债券与股票公司 （Electric Bond & Share）	1946年最高价26.5美元	1947年最低价9美元

这只股票处于强势。该公司的现金资产比股价高得多。在 1949 年底以前，该公司可能会有每股 12 美元或 14 美元的派现。这只股票的底部正在逐渐抬高，并守住了 13.25 美元，正好是从 1946 年的最高点下跌 50% 的位置，这就形成了一个安全、可靠的买点。如果这个股票涨到 16 美元以上，那么它就会处于极强势，会继续上扬，而且可能到达 25 或 26 美元的价位。

上述特殊股可能在下一个牛市中成为领涨股。请记住，当你买股票时，一定要用止损单保护你的投资，如果在相当长的时间里你还没有赚钱，那就承担一点损失卖了它。

第十六章
美国能负担得起另一场战争吗

　　1918 年，第一次世界大战结束，当时，几乎所有人都认为这会是世界范围内的最后一次战争。可事实是，1939 年，希特勒又发动了第二次世界大战，而且在 1941 年，美国也被迫卷入其中，并协同苏联等其他一些国家共同抗击德国，以期早日结束战争，实现人类永久的和平与繁荣。

　　事实如何呢？就在战争结束的时候，美国却开始着手准备另一场战争了。各种媒体都在宣扬美苏之战势在必行，而为了备战，我们在 1949 年花费了 150 亿～ 160 亿美元。如果说美国之所以参加前两次大战目的是为了结束战争，那么，我们该如何解释现在美国现在忙碌备战的行为，难道发动美苏之间新的战争就能终结世界上所有的战争吗？显然不会。因为战争解决不了任何问题，而且在人类学会不通过战争解决分歧以前，就不可能有永久的和平。无论谁赢得战争，都将付出代价。因为战争是毁灭性的。它使人类积聚的财富化为乌有，以国人的生命为代价，同时还要从生产线上拿走大量的食品和必需品。现在，美国的债务已经超过了 2 500 亿美元，美国怎么还能打得起另一场战争呢？钱又从何而来呢？谁又能够掏出这么多钱来购买债券以支持这场战争呢？如果我们卷入了另一场战争之中，那就等同于美国的覆灭。战争的代价实在太大。考虑到所有的政府债务和私人债务，美国的债务已经超过了偿还能力。在华盛顿，我们需要的是能高瞻远瞩且头脑清醒的领导人，他应为宣扬和平而努力，而不是为了备战而浪费国家的财富。

　　为什么我们会在 1941 年 12 月参战？因为当时我们的自由受到了威胁，

安全得不到保障，我们用生命和财富赢得了战争，保护了我们的自由不被侵犯。我们曾以为我们正在使自由得到保障，但它得到保障了吗？我们还有战前的那种自由吗？我们没有。因为新政正在使自由迅速消失。新政总在夸夸其谈社会保障问题，可按照它的说法，美国人从生到死所有的一切就必须都交由政府来安排。他们提供社会保障，提供医疗，提供人民所需的一切。可惜，无论是作为国家还是个人都不需要什么社会保障。因为社会保障不会带来进步。一个人缺乏保障的时候，就会积极工作，不断进取，这远比他直接获得保障更好。而如果政府为人们提供了所需的一切，那整个民族就将变得懒惰、不求上进、好逸恶劳，最终，国家也必将走向衰亡。新政靠许诺迅速得以推行，新政无条件的给予，而那些不劳而获的人只想索取而不付出。美国所需要的不是这些，而是更强大的生产力。仅靠推行少工作、多消费的政策根本无法解决美国的债务问题，努力工作和勤俭节约才是唯一的出路。我们要捍卫这个国家的独立自主，永保我们的先辈为之奋斗的自由，那么就必须保证所有美国人都拥有平等的权利。

在战场上如果士兵不服从作战命令，就会被军法处置，因为他们在战场上没有罢工的权利。可当战争还在继续时，当我们的孩子还在战场上流血牺牲时，工会却可以继续组织罢工，为什么？难道工会成员就可以比在战场上浴血厮杀的战士们拥有更多的权利？当然不可以。工会领导人的权利是政客们授予的，而政客是由选民选举出来的，可是，这些政客们不仅背叛了选民，还侵犯了他们的权利。工会为什么要发动罢工，切断生活必需品的供给，以致无数人饥寒交迫，饱受物资匮乏之苦？无外乎是为了满足工会领导者们少劳动、多拿钱的私欲，而显然，这样做是无法实现国家的繁荣昌盛的。

法国为什么会在"二战"中战败？法国工人工作态度散漫，生产效率低下；而德国人不仅工作积极，甚至还要被迫进行工作和生产，所以最终德国打败了法国。是谁赋予了工会这种个体平民并不享有的权利呢？是法律的制定者，他们是由人民选举出来的，他们制定这些法律的目的是讨好那些能确保他们权力在握的人。但是这公平吗？这就是我们追求的自由吗？

战争与和平

既然我们的政府正积极备战，并且宣称迟早要同苏联打上一仗，所以战争早晚会爆发。因为对于倡导新政的人来说，一旦推行新政出现不良结果（很可能会这样），那么在接下来的 1952 年的大选中，他们就很可能会落败，而如果爆发了战争，那他们就找到了不能战时换将的借口，哄骗人民继续为他们投票，然后得以继续执掌美国政权。而对于投资者最想知道的，战争会对股价产生什么影响这一问题，答案是，这完全取决于战争爆发时股价所处的位置。我认为，对于股市来说，下一场战争是特大利空，而且政府很可能没收所有的股票与其他财产来充公。之所以这样说是因为，依照美国目前债务沉重的国情，想单靠发行债券来支持另一场战争几乎无异于痴人说梦，在这样一种情况下，政府必会动用一切能采取的手段为战争筹措资金。

不仅是美国，全世界没有哪个国家能承受另一场战争而不致衰亡，而一旦战争爆发，人类文明也可能会因此而倒退几百年。让我们祈祷未来战争能够得以避免，让我们将手中那宝贵的选票投给那些能使我们免于战争的人。

如何制止战争

在任何一个国家，战争都是可以被制止的，这种权力与力量就握在人民手中。如果我们能说服立法者出台一项法案，不允许政府为战争目的而借债或发行债券，那战争自然就可以避免。如果政府必须用自己的收入发动战争，而不靠借债，那么可能就不会有战争了。政府无权拿人民的生命财产去冒险，更无权抵押上人民的未来去举债。战争不会为美国带来任何好处。美国应该学会精打细算，并以此为由削减政府的公共开支。

政府无法制止经济萧条，大恐慌正在来临

1953 年新政出台前，将出现一场经济萧条和大恐慌，这是无法避免的。恐慌和萧条是战争的后遗症。第二次世界大战对美国财富的消耗是史无前例的，美国政府目前的债务几乎等同于全世界所有国家债务的总和。这种沉重的债务加上庞大的政府开支，怎么可能制止一场萧条和恐慌呢？战争已经摧毁了一切，更不可能给任何国家带来任何好处。如今，美国已经变成了世界上最大的消费国和浪费者，而美国的纳税人也将成为世界上最大的牺牲者。我相信圣经上说的凡事有因必有果。战争结束后，主张实行新政的人不仅没有缩减反而增加了开支，他们浪费了数百亿美元，换来的将是一场动摇美国根基的大恐慌与大萧条，而这必将导致美国人民在1952 年的大选中罢免这群主张推行新政的政客们。如果崩盘真的出现，那就一切都于事无补了，但是如果纳税人现在就能组织起来并采取行动，那一切就还来得及，他们有制止这场导致财富流失的灾难的力量。如果主张实行新政的人再像现在这样肆意挥霍，那么用不了多久，政府就该开始打算没收公民的财产了，然后自由之子们将不得不再次揭竿而起，为他们在以前的战争中失去的自由而战。就像威尔·罗杰斯（Will Rogers）说过的那样，美国政府从未输掉过一场战争，但也从未赢得过一场会谈。

什么会导致下一次萧条或恐慌

有许多原因会导致下一场经济大萧条的出现。英国经济因为卷入了两场世界大战而走入困境，大多数欧洲国家也同样在劫难逃。

日本、印度的金融环境普遍不好，而且情况还可能会进一步恶化。

美国的债务负担已经沉重得难以负荷，政府的花销无度造成的灾难已经无法挽救，即使现在立刻痛改前非，也难以阻止恐慌的到来。

外国投资者已经开始在美国市场抛售股票，而且这种现象已经持续了很长时间了。

美国的投资者几乎总是在熊市的末端抛售手中的股票，于是就造成了大面积的亏损。将来，由于经济形势的恶化，保险公司将为了套现不得不抛售股票和债券。可能投资信托公司会努力托市，按照一定比例购进股票，但也支撑不了多久，市场形势日趋恶化会让他们变得惶惶不安，并在已经下跌了数年的熊市的最后阶段也开始抛售股票。

当美国的投资者和商人对政府防止经济萧条的能力越来越感到失望时，事情就会变得更糟。因为经济和股市是靠人们的信心来支撑的。

如果这一天到来，这不是不可能，那时政府就无法再支撑债券的价格，这势必会挫伤人们的信心，进而引发这个国家历史上最大的恐慌。先因后果。既然政府已经种下了另一场恐慌和萧条的种子，那么，经济周期和股市就会向我们证明，这场恐慌必会到来。

股市的未来趋势

许多经济学家和市场人士都相信一场经济衰退和恐慌正离我们越来越近，但他们无法预测出具体时间，因为他们不懂得时间循环规律。我认为，30 多年来我用来预测每个重要的经济繁荣和衰退的周期循环规律将准确预测下一次大恐慌的来临。

新政的推行者声称他们已经有了制止通货膨胀和防止经济衰退的神奇方案，至于是否真的有效，在今后几年严峻的考验中即将得到验证。

我的周期循环理论认为战后的经济繁荣在 1948 年就已经结束了，而且现在的经济趋势正在向下。通常，经济在第一次下滑之后会出现一次反弹，或者是一波适度回升，很多人会为这种表象所蒙蔽，误以为经济的繁荣再次出现了。

我对周期循环规律的研究表明，经济萧条将在 1950 年的下半年进一步恶化，而到了 1951 年和 1952 年，我们将会进入真正的恐慌和衰退时期，就连政府也将难以应付。届时，股票、债券、商品期货以及其他所有金融产品的价格全线下跌。至于股市的跌幅要由下一次反弹的幅度以及上一次下跌行情开始时市场的价位来决定。接下来我大致估算了一下股市今后可能出现转势的日期。

根据过去的周期循环规律，股市可能在 1949 年的下半年出现上涨，并持续到 1950 年。股市的变化周期往往要比经济形势的变化周期提前 6 个月或更早。

展望1950年

1950 年 1 月 3 日～7 日应当出现股市的最低位，而后趋势反转向上，上升行情会一直活跃到 2 月。

3 月 18 日～22 日可能是这轮反弹行情的头部，这段时间不会太长，可能是会持续到 3 月 30 日～31 日，这是趋势将会发生转变。

4 月，这轮上升行情仍将持续。年内的最高点可能出现在 4 月 25 日～30 日这段时间内，尤其是在 1949 年 6 月出现最低点的情况下，这意味着这轮上升行情将持续 10 个月，这通常是一波短期行情的时间周期。得出该结论的另一个原因是，从 1942 年 4 月的最低点开始，这轮行情已经持续了 6 年，而且今年 5 月份和 6 月份与 1946 年的最高点分别相距 48 个月和 49 个月，这表明市场趋势极有可能发生转变。

6 月 14 日～21 日这个时间段非常重要，因为这距离 1948 年的最低点正好过去了 2 年；如果有证据表明 1949 年 6 月 14 日也是一次探底，那么距今为止恰好相隔 1 年。要留心 6 月 2 日～30 日这个时间段，这期间可能会出现重要的转势。

7 月，股市应当会上涨，哪怕此时正处于市场熊市，也应有一次反弹。

7 月 7 日～10 日，以及 18 日～30 日，市场很可能在这些时间内做头，市场趋势出现重要反转。

8 月，股市会出现一些下跌，但价格变动不大，而且波幅狭窄。

8 月 5 日～10 日，14 日～18 日，23 日～27 日，都是转势的日子。

9 月，要记住，这是会出现一个重要的周年纪念日出现的月份。要对在 9 月初以及 9 月 23 日～10 月 3 日这些时间内出现的趋势变化格外留心，因为在这些时间段内，可能会见 1 次底，然后出现 1 次反弹。而如果股市在这些日子里开始上扬，那么就会向上反弹至 11 月 2 日～4 日左右，即选举日为止。

11 月 14 日～21 日，由周期循环规律可知本月市场将有下跌走势，并可能在月底出现见底反弹。

12 月，如果此轮反弹行情从 11 月开始，那很可能会持续到 12 月 15 日和 20 日，那时你应当留心头部或转势。

对1951～1953年的预测

1951 年和 1952 年将是经济深度萧条的年份，届时，股市将步入长期的熊市之中。许多股票的价格将跌到你无法想象的程度，美国政府会面临很多难题，而政府对此基本束手无策。因为绝大多数民众已不再相信新政，也不相信新政能防止经济萧条的出现，而一旦民众失去了信心，形势就会无法控制地迅速恶化下去。

根据周期循环理论的预测，共和党人很可能在 1952 年 11 月的选举中获胜，而 1952 年的 10 月份和 11 月份很可能就是熊市结束的月份。

1953 年 1 月 20 日，新总统将入主白宫，如果他是共和党人，那么经济将重获复苏，一轮新的循环就此开始。不过，由周期循环理论可知，经济在 4 月或 6 月以前仍将发展缓慢，股市直到夏季和秋季才会将出现大幅上涨，经济状况也随之改善。

结　论

至此，《江恩华尔街 45 年》一书全部结束。实际上，我在华尔街的经历可以追溯至 1902 年——1947 年，这些年已经让我明白我最宝贵的财富是时间，而我对时间最好的利用是获取知识，知识要比金钱更可贵。

在这本书中，我贡献出了一些自己最为重要的交易规则和未出版过的秘密发现，希望读者们能够努力学习这些规则并加以灵活运用。如果他们这样做，那么投机和投资将不再是一场赌博，而会成为一种有利可图的职业。

威廉·D. 江恩

1949 年 7 月 18 日

答读者问

有时，成百上千的人写信来要求各种信息。为了避免回答大量不必要的信件，我们在下面回答了常见的问题。

杂志

许多人写信来问我们认为哪本杂志最适合投资者或交易者阅读。

我们认为《华尔街杂志》是其中的佼佼者。读者从中可以得到许多关于股市的信息。当然《福布斯杂志》也是不错的选择，其中有不少提供宝贵金融信息的文章。《纽约时报》每周出版的《编年史家》也值得一读，这本杂志主要专注于理财事务，而且有许多对交易者和投资者宝贵的信息。

报纸

投资者和交易者经常询问我们认为他们应该最好读什么样的报纸。

《华尔街日报》——这是最好的财经报刊。它专注于介绍整个国家的股份公司，以及主要的外国股份公司的事实与信息。国内新闻中肯，特别是农业的与政治的都同等得到强调。这也是第一批发表一套平均指数，或者铁路股和工业股的报纸之一。这些指数可以回溯到1896年。从1914年开始，《华尔街日报》刊登债券平均价格，从1928年开始，该报又开始刊登公用事业股票平均价格。《华尔街日报》每日都会刊登所有这些股票信息。对于那些想追踪不同种类股票走势的投资者和交易者来说，这些信息非常宝贵。《华尔街日报》的另一个特点就是它每天会列出创出年内新高和年内新低的股票。该报从来不刊登任何炒股秘籍、谣言或误导读者的信息，它只刊登那些对投资者和交易者来说有用的可靠信息。有时，《华尔街日报》还发表股票的各种走势图，这对交易者非常有用，如果交易者不得不自己保存记录并绘制走势图的话，那会花费他们大笔的钱。

《纽约先驱论坛报》——这份报纸刊登不同股票群的平均指数，以及其他对交易者有用的信息。

《纽约时报》——这份报纸也会刊登各类股票的平均价格，对投资者和交易者来说，这也是一份好报纸。

投资者与交易者要的是关于不同公司和财务报告的事实，而不是暗示或谣言。这些报纸——都在纽约出版，努力把可靠的消息传达给读者。

股票与商品期货

《巴伦周刊》是一份相当好的金融杂志，它涉及各种金融事务，并给每一个投资者和交易者宝贵的事实。比起它的价值，订阅率却很低。这份杂志每周出版，而且值得订阅。

《芝加哥商业日报》在报道商品期货方面，遥遥领先于其他报纸。该报会不断刊登出芝加哥交易所中所有谷物期货的交易价格和芝加哥商品交易所中鸡蛋期货的交易价格。同时，《芝加哥商业日报》也会在每天和每周刊登出与股票和商品期货有关的消息，并且有专栏作家进行专门点评。

《商品年鉴》这份刊物由位于纽约贝佛大街 76 号的商品期货研究局出版。这本书涉及几乎每一种商品总统计信息，而且是提供可靠的、准确的统计信息的最佳书籍之一。

股票中的零股交易与谷物的整批交易

交易者常问，他们能否买卖零股（Odd Lots）。大多数纽约股票交易所的会员经纪人接受零股委托。他们中的大多数会直接买入股票，或者在任何账户用现金买入 1 股以上的股票。整批或者 1000 蒲式耳的谷物在芝加哥交易所交易。有些经纪人处理整批，而有些不。你可以咨询任何隶属于芝加哥交易所的经纪人，看看他们进行的是整批交易还是低于 5000 蒲式耳的交易，或者他们进行的是整批交易还是合约交易。在芝加哥交易所和新奥尔良棉花交易所，可以进行 50 包以下的棉花交易。除此之外，没有其他正规的交易所愿意进行 50 包以下的棉花交易。如果愿意进行 10 包以下零散棉花交易的交易所往往是非正规的交易所。投资者须谨慎行事。

经纪人

人们经常来信询问哪家公司的经纪人比较可靠。我们认为所有隶属于纽约证券交易所、纽约棉花交易所和芝加哥商品交易所的经纪人都是可靠的。因此建议交易者总把他们的账户开设在这些负责人的交易所的会员那里。如果你怀疑你的经纪人，就通过白氏、R.G. 邓或者毕晓普服务这些公司获得报告。如果你的经纪人不隶属于上述几大交易所，那么你就得在他们那开户之前，先通过银行和其他一些商业机构考察其信誉。这是出于保护自己资金安全的需要，很有可能你找了一个不可靠的经纪人，而自己却一无所知。

附 录

28日
5日
23日
2月4日
19日
3月5日
4月4日
23日
5月1日
16日
28日
7月1日

1940年11月8日
12月2日
3日
1941年1月10日
10日
26日
19日
24日
29日
13日
21日

6月23日
7月9日
17日
25日
22日
28日
8月15日
9月2日
11日
25日
18日
30日

17日
10月31日
24日
11月15日
11月5日
21日
12月1日
4日
10日
16日
12月24日
1942年1月6日
12日
14日
22日
27日
2月11日
16日
20日
3月3日
3月12日
18日
31日
4月7日
17日
21日
4月28日
5月11日
14日
21日
25日
12日
6月9日
25日
18日
14日
7月9日
16日
24日
27日
8月7日
19日
26日
9月8日
9月11日
16日
10月13日
28日
21日
18日
11月9日
11月25日
21日
22日
12月18日
29日
28日
7日
1943年1月4日
4日
2月2日
19日
15日
10日
3月4日
22日
12日
4月13日
4月8日
14日
10日
25日
20日
15日
8月5日
5月2日
1943年7月15日

92 96 100 104 108 112 116 120 124 128 132 136 140 144 148

道琼斯30种工业股平均指数3日图A

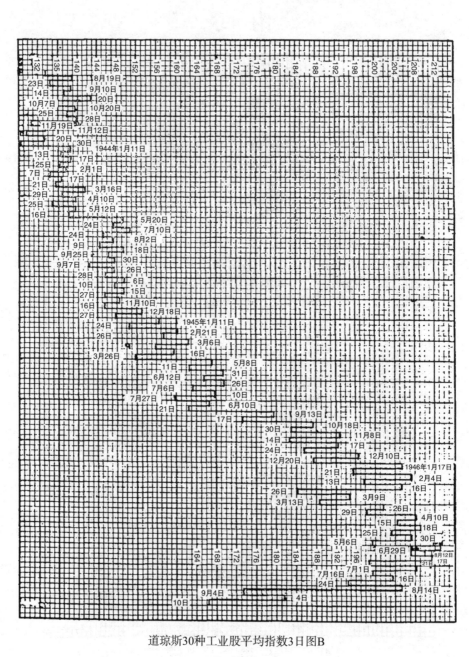

道琼斯30种工业股平均指数3日图B

道琼斯30种工业股平均指数3日图C

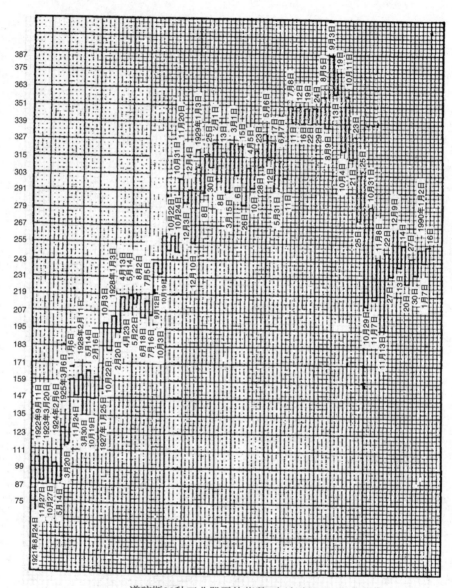

道琼斯30种工业股平均指数9点波动图1

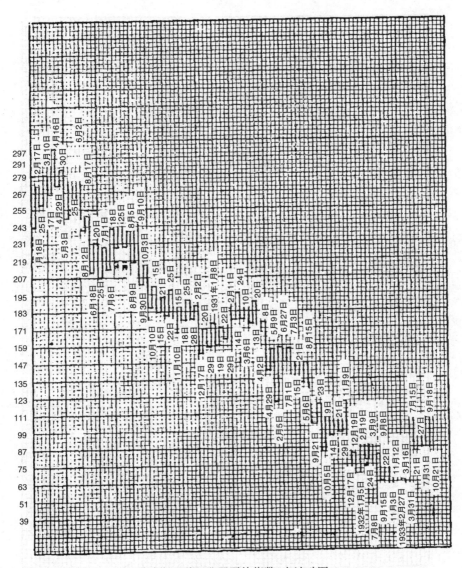

道琼斯30种工业股平均指数9点波动图2

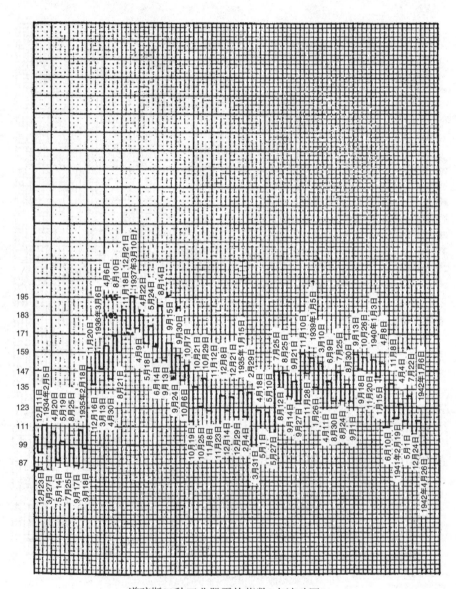

道琼斯30种工业股平均指数9点波动图3

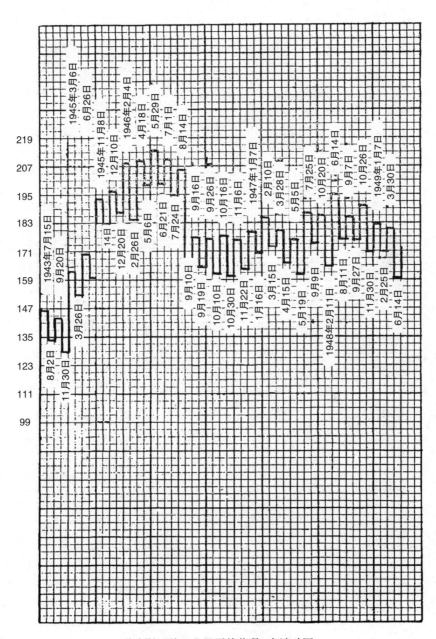

道琼斯30种工业股平均指数9点波动图4

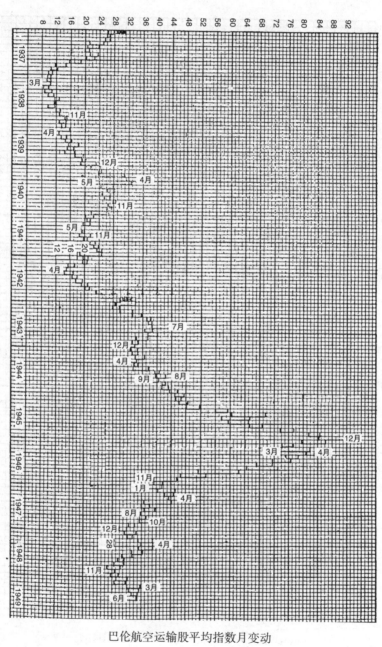

巴伦航空运输股平均指数月变动

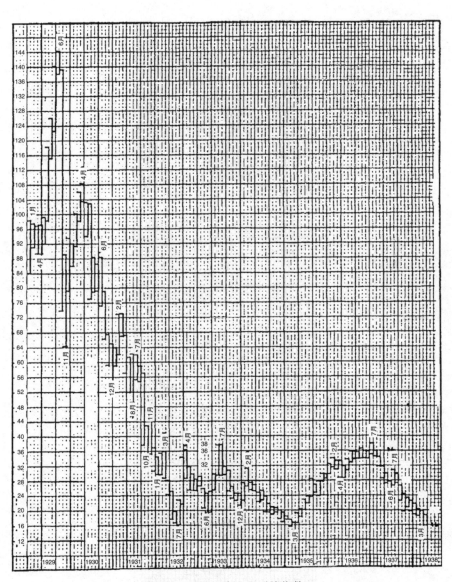

道琼斯15种公用事业股平均指数A

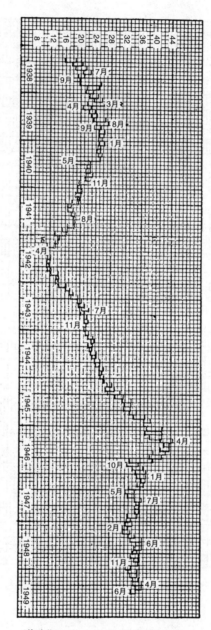

道琼斯15种公用事业股平均指数B

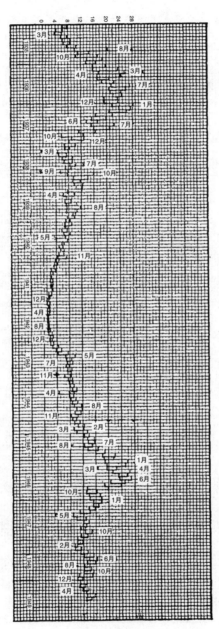

电力债券与股份月变动

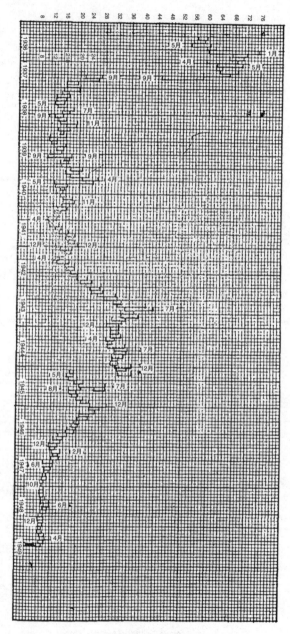

泛美航空月变动

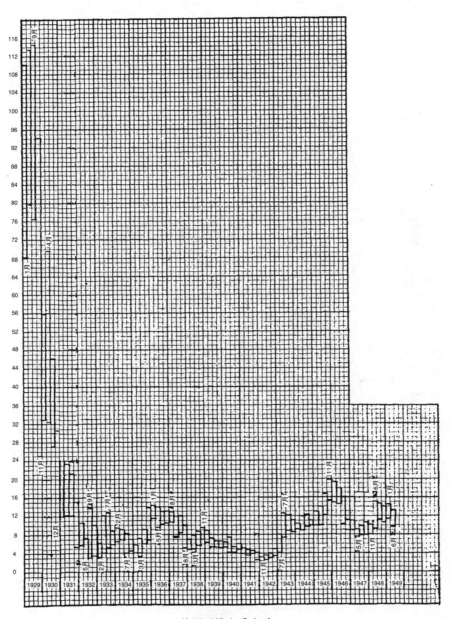

美国无线电季变动